U0030518

運用兩千年的處世智慧，提升人際連結力！

聖經的溝通智慧

轉換說話思維，化解衝突誤會，贏得和諧的好人緣

杜慕恆 著

感謝上帝所賜給我家人的支持，
父母是退休的牧者，設立榜樣與忠誠的生命典範。
感謝妻子的支持、體諒與愛，
使我可以在所面臨的諸多經歷上有成效。
感謝周圍許多支持的夥伴，
不論是何種信仰，或無信仰者，我們能一起經歷成長。

目錄

序言　分解聖經，指引人生　008

第一章　與人相處困難重重

・因為不同，所以難容　013
・身子乃是許多肢體　033

第二章　人的盲點，從大腦說起

・盲點是怎麼形成的？　036
・錯覺是怎麼形成的？　040
・耶穌的弟子錯覺盲點重重　042

第三章　培養合神心意的思考力

・思考是可以學習的　049
・宗教——水能載舟也能覆舟　053
・合神心意的思考方式　056
・我祝福，故我在　057

・心中的態度決定一切 070

第四章 常見的困思

・我們常問：這樣做會有結果、會有效、會有幫助嗎？ 085
・我們常覺得：他這樣做很不尊重人！ 087
・我們常認為：人的耐心是有限的！ 090
・我們常以為：人對我不實的毀謗如覆水難收！ 094
・我們總是兩手一攤：我沒辦法！ 098

第五章 符合聖經的溝通原則

・耶穌的最後一件神蹟 104
・好人為什麼也會害好人？ 106
・讓三分，不見得風平浪靜 108
・越熱心越受傷，越善良越虧損？ 112
・聖經溝通的十大原則 118

第六章 重建挽回犯錯者的步驟

・重建挽回步驟 144

・步驟一、先自省是否曾虧欠對方 145
・步驟二、等候時機，個別告知 153
・步驟三、可以說，但要用適當的方式說 155
・步驟四、請信德的人陪伴 168
・步驟五、其他人也同樣犯錯，就得全體一同面對反省 169

—第七章— 轉述與傳話的智慧

・轉述事件的智慧 176
・為人傳話的智慧 184
・據實以報的轉述也可能造成傷害 185
・訊息的聆聽與解讀 193

—第八章— 聖經人物的談判示範

・但以理的取代法 210
・彼得的對照法 217
・保羅的加碼法 219

第九章 處事解困看聖經——從態度談起
．主動式態度所帶來的逆轉勝 225
．蒙福與祝福的生命態度 231
．聖經故事舉例——約瑟一笑泯恩愁 235
．聖經故事舉例——押沙龍負面思考 237
．聖經故事舉例——保羅與巴拿巴分道揚鑣 239

第十章 學習耶穌說話風格與智慧
．活性臨機的對話 242
．借力使力的提醒 248
．靈巧適切的比喻 252
．「似非而是」的語法 259
．閃避陷阱的回應 263
．謙虛姿態的表達 270
．切中要害的質詢 274
．誇張強烈的形容 277
．宅心仁厚的心胸 280

見證分享 運用聖經智慧，成就美好生活 286

序言

分解聖經，指引人生

許多人曾經翻看過這本世界最多人口閱讀的聖經，有些人從其中學習文學，有人從其中了解古代近東文化，也包括古代法律、歷史，而多數人是從其中學習宗教信仰，也就是基督宗教。

一部古代經典能夠流傳至今，且仍盛行不衰，必然有其道理與價值。雖然英國的史賓塞（Herbert Spencer，1820-1903）在科學的會議裡面曾說，「一百年以後人就不需要宗教了！人不需要聖經了！」十八世紀法國思想家伏爾泰（Voltaire，1694-1778）也曾預言，五十年後聖經只能在博物館才能看到！事實則是，來到二十一世紀聖經一樣盛行於世。即便人的科學實在了不起，解決不少人的問題（也製造不少問題！），宗教的盛行與需要仍舊不衰。

聖經記載為期蠻長的歷史（一千五百年以上），歷史裡包含許多故事，真實的故事就是生活。為什麼聖經要記載大量歷史？一般宗教經典不就記錄教主大師的語錄，修練悟道之理，宇宙浩瀚之玄妙，提升生命意念之法。若記歷史而不實者，豈堪稱聖啟之經典？若忠於真相記載，人之醜態畢露，後世如何虔心誦閱？這是聖經獨到的特點！筆者鼓勵人閱讀聖經時，常有人反應：我以為聖經應該記載聖賢達高風亮節之事蹟，卻不料其中不乏謀殺、亂倫、背信、欺瞞等人性黑暗惡劣行徑記載！對於這樣的疑惑，我輕鬆從容的解釋，讓他們明白這頗出人意外與弔詭的經典收納記載這些歷史人物與事蹟的用意！

經典中雖然袒露人的無知錯行，或是卑劣惡狀，另一面卻也一再示範顯明：錯誤是如何形成？會帶來何種結果？怎樣面對錯誤？成功得勝者的原因為何？周圍的人扮演什麼角色？態度、話語、行為、機會如何在當下的情境中走向正面蒙福的方向？或趨往負面敗退虧損的地步？

在面對、處理難題，改變膠著局面的過程中，聖經也要人看到上帝如何與人同工同行、包容接納、赦免與應許。總之，今天我們面臨的困難苦境，人所製造的困擾與煩惱，都可以在聖經中找到解決的參考，故事的情節也給予一些步驟要點，縱然劇情不同，但所示範的解決原理卻依然適用於今。

這本書基本上不是要談宗教屬靈的事，畢竟這方面著作已經很多。而是藉由聖經所記載的經文或故事，分解出可以在當今應用於處理實際問題的指引。由於聖經太豐富，可學習參考之處太多，本書實在無法一一列舉，能舉之例僅僅滄海之一粟，做為示範。

不限各種信仰，在聖經中所學的辦法都可以參考，使用於面對生活難題，藉以改善問題，帶給生活更多的祝福與加分效果。

第一章

與人相處困難重重

多數人都接受三方面的教育：早期原生家庭教育，專業教育、也就是學校知識技能教育，以及社會化過程的經驗學習。這些過程，讓我們分別在學齡前、早期的十幾二十年歲月，以及出社會工作中，學習與人互動、共事，且多數情況都在摸索、觀察、嘗試，累積的經驗逐漸成為個人的人際關係能力。過去的教育養成很少教導我們：如何看待難題？如何與意見不同的人相處？怎樣表達不同意見才不會有反效果？被誤解時要怎樣看待，怎樣處理才能改善問題？許多生活所遇到的難題都跟人有關！

一位專業人士來到一家公司不久後，就深感挫折地告訴我他在單位裡受到排擠，客服部不把客戶給他，都給較資深的同仁，所以這位朋友開始萌生離意，覺得長此下去實在沒意思，不但業績不佳、收入短少，同事相處也不盡友善，與其如此一籌莫展，不如早些離去，另擇良木。

經過一些引導，我給了他一些建議，他便繼續耐心地留在工作崗位上。我也在適當的機會裡與公司負責人討論起基層的狀況，也提供上層一些可供參考的想法。沒想到，隔年這位同仁就在自己的單位被提升為主管了。這可說是逆轉勝吧，這麼快就翻身了！然而，身為主管也有主管的苦惱，他這回跟我說：部屬不好管，每個人都察覺不到自己的問題，講也不接受，習慣也很難改，真想換掉他們，但這些職位所需的人才也不好找。面對大環境競爭壓力與公司整體的改革方向，實在不容許自己的單位故步自封，不知改進，卻又激發不起大家進步的士氣⋯⋯

因為他來找我也是想從信仰上得到鼓勵，所以基本上我給他的建議是：過去上帝給了你足夠的專業訓練機會，你的背景也讓你在職場上勝任專業的表現，但是現在上帝要帶領你進到另一個階段的學習課題，這會讓你的生命更豐盛而完備。上帝讓你來到所在的這個地步，目的不是讓你挫折無奈，是要你經歷過這一切而更成功、生活更美好，你不是孤單面對，這當中會有神的帶領，我們也會陪你一起度過。

因為不同，所以難容

自家人相處比較直接，欠缺耐心，所以有自家人相處的困難。職場上跟不同人共事，雖較客氣婉轉，但因背景差異性大，共事也並不容易！若難題只是對事情的克服，我們只要盡力解決，即使辛苦，卻不感傷。但困擾若來自於人，實在讓人難以理解，又苦又傷！為何如此？因為每個人太不同了，所以要相處，要共事，有相當的困難！困難也出自下列這十一個原因：

一、習慣做事的方法不同

做事方法會成為習慣，因為這方法曾經「有效」。每個人會以過去認為有效的方式做事，並認為事情本應該這樣做，一定得這樣做。當兩人對做事情的看法不同時，要共事就變得困難！若這事情茲事體大，要聽誰的？信誰的？這似乎不是理性溝通就能解決的，因為兩造間可能都有理性，只是所經驗的做事方法不同，而經驗就如真理般讓人信以為真。

過去我曾因推廣自然醫學而設立一間全穀類烘焙室，對於所做的全麥麵包訂價，有人主張接近成本的低價位才能達到普遍推廣的目的，也有人主張價位低會讓人以為便宜沒好貨，若沒有較好利潤，這項志業也不容易維持長久。雙方都有道理，也都有實例可以舉證來支持論點，但如何取決？

又例如，婆媳有許多生活習慣意見不同，婆婆認為小孩該聽從大人的安排，媳婦主張尊重小孩的興趣選擇；婆婆飲食口味較重，媳婦習慣清淡；婆婆常干預兒子做事，媳婦備受壓力；婆婆去拜拜，媳婦上教堂！如何生活共事？

所羅門王離世後由他兒子羅波安接續他做以色列王，百姓們請求他寬鬆稅負：「你父親使我們負重軛、做苦工，現在我們求你，如果你可以讓你父親要我們作的苦工、負的重軛輕鬆些，我們就事奉你。」

羅波安先去請示父親執政時期的元老，老年人對他說：「你如果願意做人民的僕人，服事他們、用好話回答他們，他們就會永遠當你的僕人。」之後，羅波安又問那些和他一起長大的青年夥伴的意見，他們卻氣燄高漲地主張：「你應該對他們說，我的小拇指頭比我父親的腰還粗，我父親使你們負重軛，我就要加重你們的軛；我父親用鞭子責打你們，我就要用蠍子鞭責打你們。」不幸的是，羅波安聽信年輕力盛者的意見，遭致後來國家分裂、人民造反，不但離開他也離開上帝！

我們的經驗、觀念與習慣不同，現在卻湊在一起共事，找出溝通和合作方式，就能化干戈為玉帛。

二、自認為對的觀念

古人云「擇善固執」，認為善應該堅持，善若不堅持就容易妥協，有降低標準之疑慮。問題是有誰認為自己「不善」？我認為的善若與你認為的善不同，而每個人又「固執」，爭執與分裂在所難免！當我們做事或討論時，一般不會覺得自己錯還故意堅持，多數都是好意，動機良好，卻因意見不合又固執己見，結果卻是傷害，無法合一共事！

賈伯斯是擇善固執最具代表性的人物，他在一九八四年麥金塔電腦發表會上說出了「Insanely great」（瘋狂般的偉大）的這句話，也造就了蘋果電腦的品牌！然而堅持己見也是造成許多歷史悲劇與戰爭的原因，回教的聖戰，基督教的十字軍，美國南北戰爭，都非惡意，都造成遺憾！

怎樣知道自己是對的？對的就要堅持嗎？還是有其他辦法？本書要從聖經的原則中找出一些可行的辦法。

三、狹隘的心胸與比較心理

沒有人喜歡跟一個心胸狹窄的人相處共事，可是偏偏人多少都有心胸狹窄的傾向，這實在矛盾又弔詭——就是見不得別人比自己好，比自己受歡迎，總覺得自己受到威脅。這是出自人性求生存所啟動的機制，是比較心理中競爭的意識。若非刻意調整修練自己，否則很難單靠自覺改變這種本性！

例如歷史中曹操是個傑出的領袖，卻也胸狹妒才。雖知招攬才德兼具的楊修，卻因其智慧能力高過曹操，頻獲文武百官愛戴推崇，終難逃曹操善妒的殺身之禍。又如以色列歷史中第一任君王掃羅，是上帝所選立的將才，應是品德才貌兼備的帝王之相，卻也不容大衛的膽識優秀，幾番意圖謀殺表現傑出的大衛而未遂，以致自己走向躁鬱不安、魂不守舍，最後在戰場中受傷，自盡而亡。

古今中外，心胸狹隘、自私嫉妒的歷史故事比比皆是，也帶來不少憾事，足以警戒後人不要重蹈覆轍。歷史也不乏心胸寬廣的例子，令人佩服讚賞。然而若非刻意修養，一般人的心胸還是狹隘多於寬闊。

美國總統林肯，年輕時在伊利諾州擔任律師。有位以優異成績畢業於著名大學法律系的大律師，名叫士天頓。有一次林肯受委任承辦一個案件時，士天頓也擔任同一方的委任律師。開庭當天，林肯進入法庭後，士天頓立刻站起身說：我不願與林肯這種鄉下人共同辦案，憤而走出法庭。逢人就說，林肯出身低微，也非大學畢業，並嘲笑他身上長很多毛，謔稱其為猩猩的祖先。

時過境遷，林肯擔任美國總統，正是美國南北戰爭之時，林肯欲拔擢士天頓為陸軍長官，卻被身邊的參謀群反對。林肯笑著說：我被侮辱與士天頓擔任陸軍長官一職，是毫無關連的兩起事情。並說：「目前並沒有比士天頓更適合擔任陸軍長官的人選。昔日我當鄉下人的律師是事實，士天頓當時言行的意圖也不清楚，可能是一時情緒性的語言，並非冷靜理性的判斷所為。」這番話不但令參謀群由衷佩服林肯的雅量，連士天頓本人也很驚訝，為何會被如此重用。此後，士天頓成為林肯最忠誠的部屬，不但導致南北戰爭的勝利，也在林肯的領導下，竭盡心力為國家人民做了很多貢獻。

聖經中也有好些心胸寬廣的故事。亞伯蘭的僕人跟侄子羅得的僕人常因井水大打出手，亞伯蘭便與羅得商議分區牧羊，對羅得說：「你我不可相爭，你的牧人和我的牧人也不可相爭，因為我們是骨肉。遍地不都在你眼前嗎？請你離開我：你向左，我就向右；你向右，我就向左。」（創世記 13:8-9）如此就免得為了獨占草原或水源而爭執了。聖經中也提到：「心中安靜是肉體的生命；嫉妒是骨中的朽爛。」（箴言 14:30）、「無論何人，不要求自己的益處，乃要求別人的益處。」（哥林多／格林多前書 10:24）

四、不適當的表達方式

我們過去的教育訓練不常教導該如何說話：意見不同時如何協商？受到不平對待，

不受尊重，被誤會、毀謗時可以怎樣回應？看見人的錯行該如何告知，進而幫助他改善？這些事情每個人或多或少總會遇到。溝通與處理方式可能是從原生家庭有樣學樣，或是在社會化中一邊觀察別人，一邊自行摸索求解答。其中所養成的表達習慣，有時眼下有效、但未來會有不良影響；有時不但溝通效果不彰，甚至造成關係惡化，問題加重。所以相對的，當別人用不恰當方式說話時我們不需生氣受傷，因為他沒有用適當方式表達的確不對，但也可能只是缺乏教導才會如此，自己不需太難過。

大衛和他的手下維持了地方上的安寧，所以曾向地方大戶請求物質上的支援，以維持人力所需。傲慢的富人拿八卻說：「大衛是誰？最近很多叛逃主人的奴僕，我怎可以供應羊毛和肉給這些來路不明的人？」這番話導致大衛憤而率領四百壯士帶刀前往攻擊。所幸拿八有個智慧的妻子亞比該，預備慰勞糧食在半路攔截賠罪，請求原諒，因而化解了一場險釀之災。

說話不妥當常在生活中發生，媒體也常披露公眾人物的不當言詞。無論是無心或者有意，總會影響團隊的向心力、互信與合作關係。

五、沉不住氣的逕下斷語

你有沒有這種經驗：遇到某狀況便想及時發表評論，但躊躇猶豫下，拖了些時間，才警覺剛才的看法是誤會了，心中暗喜沒有衝動表達，倖免出糗。

生活中常發生這類的事：只聽一面之詞，一時興起的個人意見，狀況外的片段情節……，這些看似小事，但若貿然躁進，就可能引發誤會風波，壞了大事！

特別是過去曾經有過的負面經驗，很容易使我們一看到類似事件就斷然評論，等不及完整了解狀況，這也常造成人與人之間的磨擦。

美國華盛頓州一名高三少女，為了完成畢業專題，選擇讓自己假裝未婚懷孕，每天戴著假肚子上學，記錄下學校師生對她的批評，這位高中女生希望透過這項實驗，呈現出謠言和刻板印象的殺傷力。有人說：「這一定會發生的，我就知道她會懷孕。」有人說：「她不知道她毀了自己的人生嗎？」外界投注的眼神不再友善，開始在她背後議論紛紛。最後她選擇在學校朝會上公布真相，果然讓全校師生譁然。

不尋常的事情與過去經驗中造成刻板印象的事件，往往影響我們對人事物的觀感，這是我們從經驗建立知識所會有的過程，然而這也可能是造成誤判的原因！所謂三思而後行，過於衝動莽撞的言行，總是容易自取其辱，損人不利己。如同聖經中說的：「說話浮躁的，如刀刺人；智慧人的舌頭卻為醫人的良藥。」（箴言 12:18）、「愚昧人不喜愛明哲，只喜愛顯露心意。」（箴言 18:2）

六、過去傷害造成的過度反應

人的自體免疫系統不佳時就容易形成過敏，也可以說是身體的過度反應。雖然藥物有助於抑制過敏反應，免疫系統還是要靠健康、有節制的生活來提升，過敏就會改善。

所謂「一朝被蛇咬，十年怕草繩」，每個人多少都遭遇過不愉快的事，若造成傷害或內心十分在意，便有可能影響未來所面對的事或人。當事件引起過去的負面記憶，便會啟動自保系統——一種基於生存的本能反應。可能是情緒特別強烈，忽然消沉退縮，對別人的評論特別敏感，在乎別人的眼光，立即辯解或咎責他人，話語具有攻擊性或逃避推託等反應。這些現象會令人感到錯愕，導致觀感不佳，使人認為其不成熟、不可信任、難相處或不穩定等，進而影響人際與團隊關係。這些也與自信、安全感、個性與歷史經驗相關聯。平常時間不易察覺自己有這些問題，一旦事情發生才會看到徵兆。敏感的人讓周圍的親友同事也感覺緊張，生怕很容易造成誤會磨擦！

過度反應常有的現象	形成原因
很在意別人的眼光，情緒受別人之毀譽影響，起伏不定，緊張，敏感。	過去曾被誤解造成自己傷害或虧損，基於本能自我保護作用，以為敏感別人對己的評論才知如何自保！
急於為自己解釋、辯解、找藉口。語調提高，語氣急促，用詞直接或銳利。講話中可以感到情緒反應，卻又壓抑。	適當的解釋是應該的，但急於解釋時是想防止傷害虧損。情緒化的表達是表明自己沒錯，試圖停止對自己不利的誤解。
推卸，表明事不關己、錯誤不是我造成，怕麻煩，怪罪他人。 逃避：避責，怕事，撇清，辯解，劃清界線。	缺少成就經驗，過去曾遭遇失敗的打擊或曾被責怪。沒有得到所期待的肯定讚美，以致欠缺自信心，不敢承擔責任。怕留給人不佳印象。
反擊，批評別人（對方）的問題，誇大問題的嚴重性。	這也是本能的一種反應；表示受威脅，所以先發制人。反擊是停止別人侵犯最直接有效的措施。評論別人缺點會讓自己感覺優越，也是引開注意力的計謀，使別人不會注意自己的問題。

經常提及自己的成就與優點、別人對自己的讚美與肯定。	需要從別人身上得到認同，藉由述說自己優點取得更多肯定，同時也讓自己感覺良好。
經常舊事重提別人對自己的虧欠。	讓人知道自己的委屈，藉此表明自己沒有錯誤，也希望對方與自己站同一立場，博得支持同情。

聖經常提醒我們，話語可以帶來正面交流，也可能使人際關係陷入困境，例如：

- 義人的口是生命的泉源；強暴蒙蔽惡人的口。——箴言 10:11
- 明哲人嘴裡有智慧；無知人背上受刑杖。——箴言 10:13
- 隱藏怨恨的，有說謊的嘴；口出讒謗的，是愚妄的人。——箴言 10:18
- 義人的嘴能令人喜悅；惡人的口說乖謬的話。——箴言 10:32

七、錯誤的解讀

人與人之間的誤會，負面評價；在不同文化背景，或宗教之間的批評；依自我的認知，以意識形態或經驗等來評斷；負面解讀，把事情看得太嚴重，對人的成見等因素，這些因素常使我們的言語和眼光呈現懷疑、不友善、不耐煩、敵意等態度，以致影響相處共事。用負面評價雖然也有其道理，因為所評論的可能是事實，所以我們就認為負面觀感很正常，因此沒必要改變想法。然而事情不是只有一種角度可以看，若能靜下心來，想想事出必有因，這件事有沒有其他的解讀方式？是不是有不同的角度可以看待？只要稍作推敲解析，練習對事情用不同角度觀察，常會找到有理、符合事實，而且正面的解讀。

還在神學院任教時，因有特別使命感所以申請到地方教會牧會。由於大城市的教會工作很繁忙，需要人力全心投入，所以內人沒有在外找工作，義務幫忙教會。當時總會辦公室曾有幾次職缺機會，並好意詢問內人是否願意接受。雖然接受這份工作有助於自己的經濟負擔，卻因考量一旦上班，教會的工作就無法顧及，既然來教會是有心投入，就當以此為重，所以還是婉謝總會美意。後來才聽說有人認為內人是愛挑工作，總會都給機會了，還不滿意！

當時願意放棄工作機會、義務幫忙教會的傳道師母並不多見，非但沒有得到肯定支持，卻如此負面解讀，實在令人啼笑皆非！

「智慧人的舌善發知識；愚昧人的口吐出愚昧。」（箴言 15:2）、「自己以為站得穩的，須要謹慎，免得跌倒。」（哥林多／格林多前書 10:12）誤解在所難免，誤解別人的一方如何挽回？被誤解的一方如何寬容看待？事情未必都會往負面傷害發展，當事人或旁人的反應與處理才是關鍵！

八、逃避、推卸的態度

這也是人性生存法則，當事情產生威脅挑戰時，求生本能就得採取立即自保行動，常以「不反擊，就逃避」的方式求生。雖然選擇逃避可以一時自保，卻讓共事的人逐漸失去信任，是會帶來副作用的！反擊或逃避、推卸都來自缺乏自信，感到威脅與不安。若因不敢承擔責任而推卸給他人時，常會令人錯愕氣憤，影響共事相處的信任感與和諧。但因逃避、推卸幾乎是人的本能反應，所以很難改，是許多人都會犯的毛病，包括上司、領導階層或長輩等。事發時不願承擔責任者，下屬不但很難繼續忠誠效力，還會上行下效，有樣學樣，帶來「怕事」、不敢承擔的文化。然而承擔力是可以訓練出來的，當事情發生時就是練習的機會，要抗拒逃避、推卸之人性本能並不容易，需要用刻意練習來勉強自己，從態度開始要求。

推卸與負責的表現

◆**推卸常有的表現：**

卸責篇：找藉口，怪罪別人，擅長分析別人的錯，不認錯，舉證別人也如此行事來合理化自己的行徑。

反擊篇：問對方：「你不也一樣！」，「別人都如此，為何只怪我？這不公平！」，「這是你的問題」。

逃避篇：這不關我的事，別人先如此我才這樣……，以後不要來找我……

給人觀感：不可靠，不值得信賴，沒承擔力就沒有實力，無法解決事情，沒有自信，缺乏自省，難溝通，不成熟，怕事，不安全，做不了大事，很沒用，幼稚，討厭，讓人看不起，不良示範！

◆**負責成熟的表現：**

聆聽，虛心受教，不急於反駁，態度誠懇自若，認錯，表示改進，可以解釋讓對方了解但仍表歉意。

給人觀感：佩服，欣賞，可信賴，安全，自信，實力，成熟，有前途，即使被人認為有錯，也可原諒。

表現出負責與承擔就是最好的危機處理，能設下停損點，使危機成為轉機。

亞當、夏娃犯罪後接著犯的錯誤，就是推卸及逃避責任；耶和華呼喚那人說：「你在哪裡？」他說：「我在園中聽見你的聲音，我就害怕；因為我赤身露體，我便藏了。」耶和華說：「誰告訴你赤身露體呢？莫非你吃了我吩咐你不可吃的那樹上的果子嗎？」那人說：「你所賜給我與我同居的女人，她把那樹上的果子給我，我就吃了。」耶和華對女人說：「你作的是什麼事呢？」女人說：「那蛇引誘我，我就吃了。」

始祖面對犯錯所受的質詢時，反應就是立刻推卸給別人，難怪今天我們重蹈覆轍就不足為奇了！要時時提醒自己：「你手若有行善的力量，不可推辭，就當向那應得的人施行。」（箴言 3:27）

九、無知粗魯的反應

蠻橫粗魯的人，總讓人感到不知如何對付！這種人的講話作風似乎無法改變，說話大聲，口氣蠻橫，態度自負，主觀又自以為是！若周圍成員又是比較斯文客氣或軟弱不願看到衝突的人，那這個團體勢必受強勢者的遷行，大夥敢怒不敢言，不知如何抵制與改變局勢。長此下去，可能造成大家失去向心與信心，遂而求去。若此人主張褊狹，終將帶來虧損與災難。

說話強勢大聲的人未必都是不懷好意或自私的人，卻會擾亂團體的和諧，需要適當制止與引導。

有些人是個性使然，有些則出自原生環境，這也跟一些自信心有關。說話大聲、把話講滿、講得絕對往往可以壓過不同的意見，讓人感到威脅，達到制止別人發言的目的，驅使對方避免起衝突，只好順從配合。例如教會做長期弱勢兒童課後輔導，常遇到蠻橫粗魯的家長藉故擾鬧，有的怪罪小朋友害其兒子受傷，要找其父母理論。有的限制已成年的女兒行動，不准接觸外界，氣憤的來找躲進教會的女兒！當下場面似乎讓人緊張，恐怕造成困擾傷害。然而穩住情緒驚慌，沉著以對，善意勸導，往往仍能化戾氣為祥和。

對此，聖經告訴我們：

・你見言語急躁的人嗎？愚昧人比他更有指望。

——箴言 29:20

・你不要心裡急躁惱怒，因為惱怒存在愚昧人的懷中。

——傳道書／訓道篇 7:9

・然而主的僕人不可爭競，只要溫溫和和的待眾人，善於教導，存心忍耐，用溫柔勸戒那抵擋的人；或者　神給他們悔改的心，可以明白真道。

——提摩太／弟茂德後書 2:24-25

十、缺乏自覺的領悟

有自知之明的人才能在人際相處上有良好的互動關係，知所進退，拿捏分寸。渾然不覺自己已造成別人難以忍受不舒服的人，有時讓人啼笑皆非，有時也令人十分困擾！有些人就是所謂的少根筋，意識不到別人的觀感。有的人是較自私或自我，只想到自己所要而不注意別人。這與原生的教育成長背景有關，但就是現在，周圍的人若以適當而善意方式提醒，應該會有改善。

以下列舉一些日常生活中常見的狀況：

各種常發生的不自覺毛病

開會時：滔滔不絕，冗長發言，短話長說，常重複已說過的事，重提往事；不論是好事或傷痛經驗，說話岔題不知重點；講話強勢、吹擂誇張、話講得太滿等。喜歡標榜自己功績，過於敏感的辯護解釋。

共事時：喜歡指使人做事，占（貪）小便宜，八卦說三道四，怕事，推卸，計較，不願多付出，十分在乎個人權益。疑神疑鬼很敏感，非常在意別人眼光，不信任，愛挑毛病，自以為是，說話總是負面、否定、酸溜溜，人前人後兩個樣，不當面講卻背後說，說多做少，敷衍，愛做表面工夫，愛抱怨，固執堅持不易溝通，喜好辯論辯解，不認錯。

相處時：衛生習慣不好，有異味，噪音，東西亂丟，自私，自大，常麻煩別人，依賴性，常打斷別人談話，不懂禮貌，不視別人存在，不聽忠告，迷迷糊糊。

關於這點，聖經許多章節都提醒了我們：

·心中自是的，便是愚昧人；憑智慧行事的，必蒙拯救。

——箴言 28:26

·你們總要自己省察……，也要自己試驗。

——哥林多／格林多後書 13:5

·她們被定罪，是因廢棄了當初所許的願；並且她們又習慣懶惰，挨家閒遊；不但是懶惰，又說長道短，好管閒事，說些不當說的話。

——提摩太／弟茂德前書 5:12、13

·在你們中間有人不按規矩而行，什麼工都不做，反倒專管閒事。我們靠主耶穌基督吩咐、勸戒這樣的人，要安靜做工，吃自己的飯。……若有人不聽從我們這信上的話，要記下他，不和他交往，叫他自覺羞愧。但不要以他為仇人，要勸他如弟兄。

——帖撒羅尼加／得撒洛尼後書 3:11-15

十一、小題大作，引發事端

對事情負面且誇大的評論，容易引起恐慌，製造對立、衝突和情緒衝動。影響相互間的信任，破壞團結向心力，常帶來擴大性的紛爭、分裂、傷害。這種人常將其聰明頭腦運用在把問題分析到很嚴重，擅於煽動炒作，引發不安。這種人具有某些領袖特質，說話有說服力，但缺乏建設性，埋怨或評論多過正面見解。藉由評論可得到一些人的隨從附和，滿足其受人崇敬佩服的眼光。這是個棘手令人頭痛的人物，若能有成熟的成員，或有智慧的領導人來化解就能設下停損點，否則辛苦建造的團隊士氣很容易就破功！

在聖經中，也有很多這種類型的人，例如：

- 摩西帶領以色列人離開埃及往迦南地的途中，有些「閒雜人」夾藏其中，常在旅程中製造埋怨、起鬨、叛逆的風氣。不論是在缺水、食物不滿意、面對危險或敵人時，在在引起躁動，致使全體受損！
- 舊約時代尼希米先知帶動同胞回國重建家園，而再三挑起爭端攔阻的參巴拉、多比雅、阿拉伯人、亞撲人、亞實突人等，卻在重建城牆與防被攻擊者間完成使命十分艱鉅的事。
- 耶穌廣行善事，周遊四方醫病、傳道、解惑，最後群眾還是受蠱惑，強逼官員釘耶穌十字架。

對於這種類型的人，使徒保羅提醒大家：「弟兄們，那些離間你們，叫你們跌倒、背乎所學之道的人，我勸你們要留意躲避他們。因為這樣的人不服事我們的主基督，只

服事自己的肚腹，用花言巧語誘惑那些老實人的心。」（羅馬書 16:17-18）

身子乃是許多肢體

每個人的不同帶來多樣性，使這個世界、這個社會多元多彩。懂得使用人們的特性，就能互補，相互成全，可以發揮團結力量。若不善用群聚的優勢，反而人多口雜、各持己見、事端不斷，就會讓人身心俱疲！

使徒保羅用身體的各肢作比喻，他說：

身子原不是一個肢體，乃是許多肢體。倘若腳說：我不是手，所以不屬乎身子；它不能因此就不屬乎身子。倘若耳說：我不是眼，所以不屬乎身子；它也不能因此就不屬乎身子。若全身是眼，從那裡聽聲呢？若全身是耳，從那裡聞味呢？但如今，上帝隨自己的意思把肢體俱各安排在身上了。若都是一個肢體，身子在哪裡呢？但如今肢體是多的，身子卻是一個。眼不能對手說：我用不著你；頭也不能對腳說：我用不著你。不但如此，身上肢體人以為軟弱的，更是不可少的。身上肢體，我們看為不體面的，越發給它加上體面；不俊美的，越發得著俊美。我們俊美的肢體，自然用不著裝飾；但上帝配搭這身子，把加倍的體面給那有缺欠的肢體，免得身上分門別類，總要肢體彼此相顧。若一個肢體受苦，所有的肢體就一同受苦；若一個肢體得榮耀，所有的肢體就一同快樂。

——哥林多／格林多前書 12:14-26

或許我們覺得一個人各部器官四肢運作無間是自然合理、天經地義的事，但若以人體解剖學來研究的話，那實在是偉大而難以想像。原來隨時身體的動作姿態，內部器官的運作正常，都得處於環環相扣、分工又相互連結依靠的關係中。這真是智慧的設計，巧妙的鋪陳，以致能發揮一生偉大的作為。原來人的相處可以這麼巧妙、靈活、充滿喜悅，雖然需要努力學習，更要沉得住氣，但將來回過頭看，這一切的努力付出都是值得的！

第二章

人的盲點，從大腦說起

二十世紀中以來，科學家對於人類大腦的研究與發現比以往任何時代更熱切，並且更了解這個奇妙偉大的人體器官！我們的大腦約有一千億個神經細胞，這細胞的構造有軸突（Axon）與突觸（Axon terminal button）將訊息與指令相互傳遞，系統構造看起來很像樹枝或樹根，所以也稱做神經原森林（Neuron Forest），光是神經原相接觸傳遞訊息的觸點就有一千兆個，協調著人體有意識或無意識的運作。

盲點是怎麼形成的？

我們思想認知的形成常受外界接觸資訊影響。雖然說「眼見為憑」，但我們用以接收訊息的五官也常受個人意識所影響。累積的經驗、個人特質與認知風格的交互作用，就逐漸造就我們個人對事物的了解方式。所以在經驗以外，或個人興趣以外的資訊認知就容易被忽略，除非被刻意提醒，否則大腦處理器只收錄它所注意、所在意的資訊。另一方面，被刻意引導或暗示也會使我們只注意狹隘的焦點，卻忽略其他客觀訊息。這些原因都會造成人們的盲點與錯覺。這也就是魔術或詐騙集團有機會騙人得逞的原因。

接下來我們再來了解大腦認知機制中，會造成盲點的原因。

一、大腦記憶體管理

眼睛不像攝影機把畫面完全記錄下來，耳朵不像錄音機錄下所有音訊，而是經過大腦篩選處理才記憶下來的。就是把自己注意的事，有興趣而在意的記下，其他則不列入正式記憶中，部分仍會留在潛意識裡，雖然無法記住，一旦被提醒複習，就覺得似曾相識。另一些資訊就完全不在記住的範疇，重複再觀看聆聽也不覺得曾有聽聞，就是所謂的視而不見、聽而不聞。例如未曾注意住家的街道上種著什麼樹，附近小學生制服上的徽章是什麼圖案，鈔票上印的小朋友有幾位等。之所以我們無法一一注意，也不能一一記住，是因為造物者設計我們的大腦，是具有強大的資訊處理功能，它得要做最精省的記憶處理。因為大腦與電腦不同，電腦用個三、五年就會汰換，大腦可不行，要用一輩子。若每天所見所聞全都錄製下來，勢必占據太多記憶體空間，很快不夠用了。這也是為什麼每晚睡覺我們都會做夢，但大多數的夢會「忘記」，這些「不需要」、「不重要」的資訊會被隔離在下意識中，甚至被移除。

二、大腦節能管理

除了節省記憶空間外，也需要省能源。當我們在學習、記憶、思考時，大腦的運作會消耗掉近五成的營養能力資源，忽略不需要的訊息能夠降低耗損能量，否則一早醒來，每天所見畫面、所聽聲音、所聞味道都儲存記憶，需要腦力耗能，那我們能做的就不多，所學也有限。所以節能管理是大腦中央處理器一定要有的功能。

三、威脅自保機制

過去遭受驚嚇傷害的痛苦經驗會潛伏在記憶之中。對於引發不悅經驗感受的訊息，會啟動自我保護機制，傾向忽略或逃避。受到威脅時，我們容易自動避開，以免感受傷痛、自責、自我意識低落等痛苦感覺。

有時我們不解為什麼有交代，有提醒，有警告，怎麼還是有人不知道？沒聽到？有些時候是來自避免傷痛的意識所造成的現象。

◎有些人很怕被讚美，因過去可能被讚美過後又受羞辱。

◎有些人只記得別人的讚美，而不記得批評。因為曾受中傷，為了避免痛苦，所以要忽略別人的批評，僅以人的讚美來使自己感覺良好。

◎一個女孩衝動的陷入愛情，不聽勸告！有時是因逃避現有成人環境，或是要逃離前段戀情的傷痛。

極端的宗教信念也常讓人形成威脅自保的意識。越受逼迫就越發堅定，越受阻礙就越發投入。受到威脅時人會強化自己的立場，無法客觀評估現實。

四、成功快樂經驗

失敗為成功之本，但相對的，成功也何嘗不會是失敗之母！順利的經驗也同樣會導致人主觀的判斷事情，也會忽略客觀環境與過去經驗有所不同，以致造成判斷錯誤。行為心理學家認為，有人在成功後不久即失敗有幾個原因：

基本歸因錯誤（fundamental attribution error）：認為成功是因為做對了事，從分析判斷、策略計畫到方法執行等都正確到位，但忽略還有其他客觀因素，可能包括環境、機會、完整的團隊成員等。同樣的事下次再做一遍未必一樣成功。

過度自信偏誤（overconfidence bias）：成功讓人更自信原是好事，但自信若沒有認清現實，就容易變成自負驕傲。箴言書上有句話：「驕傲在敗壞以先；狂心在跌倒之前。」（16:18）

不追查原因症候群（failure-to-ask-why syndrome）：在失敗後人較懂得檢討，想找出方法避免再次失敗。而成功就表示「做對了」，以後繼續下去「應該」也會成功，就

不會認真而有系統的探究卓越表現的原因。（《哈佛商業評論》二〇一一年四月56期）

商鞅變法後的中央集權，讓秦國獲得了大成功，同樣的方法卻未必在齊國和楚國會有一樣效果；位處偏遠，幅員廣大，風俗民情複雜，更有根深柢固的文化觀念，絕非商鞅變法時的雍岐地區環境所能比擬。

錯覺是怎麼形成的？

觀賞錯覺圖形是很有趣的遊戲，我喜歡在網路上擷取一些令人生發錯覺的圖案給聽眾學員觀賞，並解釋讓人產生錯誤視覺的肇因。

視聽傳輸造成錯覺：資訊透過五官進入大腦處理時，視覺、聽覺會參考其他周邊資訊來解讀主要資訊，所以周圍用以參考的訊息若刻意「誤導」視覺、聽覺，就使我們對訊息有所誤判。

主觀意識造成錯覺：認錯人，就是腦中記著某人的形象，就誤認相似的陌生人是自己所想的那人。過強的主觀信念影響著人解讀接觸的訊息，造成與事實間的誤差。

心智臆測能力造成錯覺：人能把片斷有限的訊息加以臆測解讀，串連與推敲其中所缺失的訊息，再拼構完整有意義的資訊。因為人有這種被稱為「心智理論」（Theory of mind）的能力，科學研究才有可能，知識才能建立起來。但這種能力也常造成人的誤判。魔術、詐騙所用的伎倆，就是利用人視覺的錯覺原理，加以刻意暗示引導。人的大腦會以臆測自行補足不存在的訊息，就「以為」認知無誤，卻是錯覺所造成。

以上種種現象造成人的盲點與錯覺，都不是大腦有缺失，而是為了達到某功能會有的相對無法兼顧之處。一切資訊，不論是從五官接受進來，或是意念引起的訊息，大腦都會做篩選處理——依照資料重要性，個人興趣所在，或資訊本身所引起的注意力，以及當時的精神狀況等因素。這些處理在無意識下進行，除非刻意注意記憶，否則一些訊息在「不知不覺」中被清除，這就是我們的「盲點」。對不完整訊息的自行預設原是人類認知能力所具備，但若預設錯誤就是錯覺與誤判了！

認知行為常發生的現象舉例：

- 相信世界末日者偏向注意災難發生，以強化末日觀信念。
- 相信有外星人者常將奇特異相推測是外來勢力的作為。
- 信徒常將生活順利與不順利與其信仰作主觀的解釋。

．情人眼中出西施，愛是盲目的。

．對討厭的人缺點看得一清二楚，其優點視而不見。對喜歡的人則相反！

耶穌的弟子錯覺盲點重重

我們很少討論耶穌自己帶出來的弟子們為何錯覺盲點嚴重離譜！耶穌在受難前，已多次提醒、明說、暗示、比喻他自己將要面臨的受害（馬太〔瑪竇〕福音記載八次，馬可〔馬爾谷〕福音記載七次），可是事情一旦發生，門徒們表現出完全沒有預期，恐懼害怕，逃的逃，避的避！直到耶穌復活後，這些平時最接近耶穌的門徒們還毫不知情的懷疑，當耶穌出現在他們其中時，還驚魂未定、半信半疑地確認一番，實在真夠狀況外！為何舊約先知預言加上耶穌親自多次提出都沒有讓門徒們聽進去？

更耐人尋味的是，耶穌復活那天還發生這麼一段有趣但令人費解的記載：

正當那日，門徒中有兩個人往一個村子去；這村子名叫以馬忤斯，離耶路撒冷約有二十五里。他們彼此談論所遇見的這一切事。正談論相問的時候，耶穌親自就近他們，和他們同行；只是他們的眼睛迷糊了，不認識他。

耶穌對他們說：你們走路彼此談論的是什麼事呢？他們就站住，臉上帶著愁容。二人中有一個名叫革流巴的回答說：你在耶路撒冷作客，還不知道這幾天在那裡所出的事嗎？耶穌說：什麼事呢？他們說：就是拿撒勒人耶穌的事。他是個先知，在上帝和眾百姓面前，說話行事都有大能。祭司長和我們的官府竟把他解去，定了死罪，釘在十字架上。但我們素來所盼望、要贖以色列民的就是他！不但如此，而且這事成就，現在已經三天了。再者，我們中間有幾個婦女使我們驚奇；她們清早到了墳墓那裡，不見他的身體，就回來告訴我們，說看見了天使顯現，說他活了。又有我們的幾個人往墳墓那裡去，所遇見的正如婦女們所說的，只是沒有看見他。

耶穌對他們說：無知的人哪，先知所說的一切話，你們的心信得太遲鈍了。基督這樣受害，又進入他的榮耀，豈不是應當的嗎？於是從摩西和眾先知起，凡經上所指著自己的話都給他們講解明白了。將近他們所去的村子，耶穌好像還要往前行，他們卻強留他，說：時候晚了，日頭已經平西了，請你同我們住下吧！耶穌就進去，要同他們住下。到了坐席的時候，耶穌拿起餅來，祝謝了，擘開，遞給他們。他們的眼睛明亮了，這才認出他來。

忽然耶穌不見了。他們彼此說：在路上，他和我們說話，給我們講解聖經的時候，我們的心豈不是火熱的嗎？他們就立時起身，回耶路撒冷去，正遇見十一個使徒和他們的同人聚集在一處，說：主果然復活，已經現給西門看了。兩個人就把路上所遇見，和擘餅的時候怎麼被他們認出來的事，都述說了一遍。

這段記載說到這兩個門徒一路上聽耶穌給他們講解聖經。視覺與聽覺，可能包括走路間也時有碰觸，都是live的現場直擊，卻也一路沒有認出這位是耶穌，怎麼可能？就只三個人一起走，不是大群民眾較不好辨識。大半天時間而不是片刻之間，這兩位如何認不出是耶穌？直到我對大腦認知原理了解後才明白，原來人在專注於某議題時，許多顯而易見的事物都會讓人視而不見！就很像我們也沒注意每次穿襪子都先從左右固定哪隻腳先穿。每天出入的街道，兩旁種的是什麼樹？有些什麼商家？許多事物因不重要，所以我們視而不見！

或許上帝造人雖容許盲點與錯覺，為的是要我們知道謙卑，因為有限所以要彼此團結。瞎子摸象的毛病不在於每個人所知僅僅片面，而在認為只有自己對，否定別人的所知。

我經常做自然醫學健康演講，我常說我不是位醫生，我是位牧師，醫生的知識也是被教育出來的，我的知識雖然最初是由聖經而來，但也在科學學理中有相輔相成的見解。不論是人文科學或宗教哲學，都難免存在著人的盲點。好消息是，我們不會終究如此，謙卑且持續學習長進是身為人所應有的態度與責任，縱使所信仰的道理是真的，也常因被我們信了之後的固執而變得有缺陷了！

第三章

培養合神心意的思考力

「你要保守你心，勝過保守一切，因為一生的果效是由心發出。」（箴言4:23）這是一句值得放在心中存記的經文。也是說一生的造化，命運，結果，不是所謂的運氣造成的，不是基因遺傳造成的，也不是環境造成。雖然這些因素還是深深的影響一生，但比這一切更全面影響一生的，是我們的心思，是自己的想法造就這一輩子。表面看來似乎有些關鍵因素或事件的發生，造成一個人的轉變，導致成或敗、逆或順、好或壞等。這些客觀因素雖然真實發生，確實存在，但外在事件不見得能主宰我們的命運，關鍵在於我們對這事情的看法，如何解讀？怎樣判斷？存何態度？

一天，五個不同國籍的人一起到一個蘇聯人的家裡作客，蘇聯人打掃空房間招待他們住宿時，一不小心將一把新掃帚弄斷了，急得坐在地上嚎啕大哭起來。

日本人首先聽到哭聲，連忙跑去安慰他說：「一把掃帚不用多少錢，何必哭成這樣！」

美國人說：「快通知你的律師控告那個雜貨店老闆，反正官司不贏也沒損失。」

法國人也說了：「有這麼強的臂力，連掃帚都可弄斷，我羨慕都來不及呢！你還哭？」

中國人接著安慰他說：「弄斷了掃帚並不犯什麼習俗忌諱，你緊張什麼？」

最後，德國人嚴肅地開口：「任何斷成兩半的東西都有可能接合的。你不必悲觀。」

這時，蘇聯人終於止住哭泣，從地上站起來，十分難過地說：「明天我不能陪你們去玩了，我得排一整天的隊去買把掃帚。」

思考是可以學習的

思考方式受文化傳統背景、環境給予的教育、個人經驗與性格影響。雖然這些因素難免影響一個人的思考型態，但也並非絕對。那些傑出人士旁邊的人不也處於雷同的環境嗎？為什麼未必如此成功？與他相似個性的人也不見得有如此傑出的成就！造成非凡成就的因素或許很多，但有件事是必要的，就是正確的思考。

英國哲學家培根（Francis Bacon）說：『知識本身並不是力量。知識只有掌握在擅於思考的人手中，才有價值。』領導學家麥斯威爾（John Maxwell）則說：「多數教育機構的問題，在於他們試圖教導『思考內容』，而不是思考模式。」思考力是可以學習的，或者應該說是必須學習的，因為這是造化一生的根本原點，也是每個人可以從自己做起的地方。外在的因素，人、事、地、物都不是我們可以完全掌握，自己要怎麼看，怎麼想，只有自己可以決定。

佛學所修練的智慧正覺與開悟，也是一種思考領悟的學習。「渡」是明悟後的自然結果，就是當人有修成，明白道，懂得想，則能渡己，也可渡人。每位傑出的人物往往有獨到的思考、累積人生際遇所產生出來的思維風格，由此造就不凡的事蹟。

對愛迪生而言，實驗室被火燒了，只不過燒掉了失敗的實驗！

對銷售員而言，別人的拒絕只是讓他比前一位客戶更接近成功百分比的機率！

對林書豪而言，挫折能讓他更明白打球的目的！

對賈伯斯而言，被蘋果公司革職才使自己進入人生更有創意的階段！

對陳樹菊而言，錢要給需要的人才有用！

使人印象深刻且鼓舞的是反差頗大——初期的遭遇與後來結果差別極大——的生命故事。而其中的過程，顯示一個人的做法不同、耐力不同，但關鍵的原點是這人的想法不同，以至於他面對挫敗或困境時可以把心思放在如何走下去，而不是怪罪無奈，怨恨自憐。能夠走出突破開創之路所需要的毅力、智慧、眼光等，其實就是思考能力。

．一九九八年聯合國教科文組織在巴黎召開全球高等教育會議，與會的教育專家總結，二十一世紀社會最需要的人才，是具有複雜思考和解決問題能力的人。

・聯強國際總裁兼執行長杜書伍，也特別強調思考力對工作的重要性。他認為，許多人工作很努力，但不懂得隨時思考，當你不斷思考的時候，就會體悟到更多的意涵和觀念，如此在職涯的過程收穫就會更多。

・美國《商業週刊》（*BusinessWeek*）二〇一三年二月推薦的《偉大領導者必備的智慧》（*ExecutiveIntelligence:WhatAllGreatLeadersHave*）一書中，作者賈斯汀・曼契斯（JustinMenkes）分析戴爾電腦總裁凱文・羅林斯（KevinRollins）、雅芳公司總裁鐘彬嫻成功最主要的原因，不是由於他們具有領袖魅力、高EQ或是豐富的經驗，而是他們擁有運用邏輯思考解決問題的能力。

・大前研一在《思考的技術》一書中就開宗明義的說：「這是一個思考力決定成就的時代。」

・思想家羅素指出，教育就是在教師的指導下讓學生學會自主思考。教師成為學生自主思考的指導者，其價值遠甚於知識和技能的傳授。

・宗教教育家懷愛倫（Ellen G. White）強調「應當運用心思的全部才能，應當培養理解力、判斷力、記憶力，以及一切推理的能力，都應當有均等的能力，以便心

思能均衡穩定。」（《證言》卷三原文第32-36面，一八七二年）

本章觀點雖應用聖經的原則來列舉合神心意的思考方式，其中的原理跟各種宗教思維也一樣通用，值得各宗教信仰來參考修練。

上帝最盼望建造我們的就是思考力！

原來上帝最盼望在我們生命上造就的不是信心，也不是智慧，雖然這些是人們最常強調的能力。上帝最希望造就的是我們的思考能力。一切信心、愛心、智慧、能力都由你的思考能力而發出。一旦懂得神要我們怎麼想，就一定是有信心的人。一旦我們知道怎樣思考，就一定有智慧。

「不要效法這個世界・只要心意更新而變化、叫你們察驗何為上帝的善良、純全可喜悅的旨意。」（羅馬書12:2）這段經文要我們注意不要任意受環境的影響，心思意念要時常更新改變，「察驗」就是觀察實驗，就是認真的追查神的心意，那是出於善良，完全令人喜悅的用意！特別是指局勢不理想，困難重重時更需要以此態度用心揣摩（因為順利時了解神的善良似乎不成問題）。有時明明不幸倒楣的事，如何明白其中上帝的善良，如何理解其中有讓人喜悅的旨意？這就需要花心思，也是功課的所在。

宗教——水能載舟也能覆舟

宗教信仰可以開啟人的心智，擴張思維的寬廣包容，找到平安祥和的境界。但往往也是造成人狹隘思維的始作俑者！這似乎挺矛盾，但確實如此。這可能來自兩種原因：一是宗教傳遞過程中，人為造成的傳統文化所導致的僵化、形式化、框架思維；另一個原因是人誤解經典所造成，就是以經文表面意思解釋，斷章取義等。我們必須自覺反省問題，才可能檢討出改善之道。

一、人所造成思想的僵化

長年累月會使許多原本立意良好的理念變形扭曲，這種現象在企業界、政治界與宗教界等到處可見。當初開始理想原意很好的主張，往往經由人承傳、在時空背景不同的成員延續後，就容易失去最初的精神。

舊約聖經中以色列人有獻祭的文化，獻祭重在真心誠意，一旦變為形式化，虛有其表，許多事情就會變了調，不但毫無意義，實在令人厭煩。有段經文說：「我朝見耶和華，在至高上帝面前跪拜，當獻上什麼呢？豈可獻一歲的牛犢為燔祭嗎？耶和華豈喜悅千千的公羊，或是萬萬的油河嗎？我豈可為自己的罪過獻我的長子嗎？為心中的罪惡獻我身所生的嗎？世人哪，耶和華已指示你何為善。他向你所要的是什麼呢？只要你行公義，好憐憫，存謙卑的心，與你的神同行。」（彌迦書／米該亞 6:6-8）顯然這段經文是提醒以色列人，上帝要他們獻祭並非看重牛羊，而是看重真實悔改的心！

宗教信仰一般都立意良好，一旦扭曲僵化或虛有其表，會帶來很可怕的後果！如延誤就醫，以神名義堅持行事，排斥異己，抗拒改革進步等。這些現象常在宗教團體發生。若能活潑彈性的檢討，思考初衷原意與當代現實環境，找出現代可行而有效的做法，才能發揚光大，才會有效果。

二、誤解經書，斷章取義

許多編狹誤解的宗教觀是因為誤解其經書所致。其中包括以偏概全、牽強附會、斷章取義、知其然不知其所以然，或是翻譯版本等因素都會影響正確理解。

《論語》開篇之「學而時習之，不亦說乎。」儒家有解釋為「學過的知識再複習，使人喜悅。」若是如此，學習恐怕滯留於理論空談。而「習」字若解釋為實習，引申為實踐之意，因為將學到的知識與技能用於實踐之時（學而時習之），會產生前所未有的收穫，則自然心生喜悅（不亦說乎）。不同的經文解析，會影響後世教育傳統十分不同的方向，導致代代民族進步與否深遠影響！

子曰：「學而時習之，不亦說（悅）乎；有朋自遠方來，不亦樂乎；人不知而不慍，不亦君子乎。」論語正解是：孔子說：學以致用，能生喜悅；有朋友自遠方來，使人快樂；面對他人無知犯錯而不生氣、不埋怨，就是君子。

聖經研究隨著基督教歷史已數千年之久，就只這本一千五百頁，六十六卷冊，耐人尋味的是至今仍然常發現傳統的聖經解釋仍然有誤，需要修正。

「我耶和華──你的上帝是忌邪的上帝。恨我的，我必追討他的罪，自父及子，直到三四代。」（出埃及記／出谷紀 20:5）這是十誡中第二誡，叫人不要把被造的東西當作神拜。其中「恨我的，我必追討他的罪」，讓人感到上帝非常獨裁而心胸狹小，要消滅一切不喜歡敬拜祂的人！如果上帝是這樣的神，那祂的信眾應該也好不到哪裡吧！

事實上這是翻譯錯誤，「我必追討他的罪」希伯來原文 **paqad** 意思是「照料，造訪，指派，召集」等意，所以意思應該是當人恨神或做錯得罪上帝、遠離祂時，祂會來探視造訪，多關心照顧，而且這樣待他及他的子孫們，直到三四代。如此一來意思完全不一樣，對神的品格本質的了解也全然不同。原來上帝要對做錯的人加以探視，目的是挽回，而非討伐懲罰！

由此簡單舉例，誤解經文對人的思考與隨之而來的價值、行為及累世累代的影響是何等難以想像！所以我們不但學習知識，更要學習思考。只有正確的思考能將知識用於造福人類的功能上。

合神心意的思考方式

我們的思考方式是由成長經驗所逐漸形成。其中可歸納出造成個人思想型態的幾個層面。

一、個性：心理性向測驗已經能比以往更精準的計算出一個人的個性特質，諸如內向、外向、樂觀、悲觀、急躁或拖拉等。

二、原生：家庭成員在其成長過程中的影響。

三、際遇：過去經歷中的順逆，特別事件的發生，帶來衝擊、傷害、不幸等經驗。

四、教育：被刻意教導、灌輸、啟發、引導等，包括從他人或宗教、書籍、電影等媒介所受到的影響。

五、認知：個人經由判斷，選擇如何看待、解讀，最終決定如何思考。

這些因素在生活中不斷發生，也不斷交錯影響、形成人的思維與認知方式。但這是所謂「人本」思想，以個人的理解力、智力來塑造自己的認知方式。

本章以聖經為根據做為思想的原則，就是不以自己的方式看事情，而是以神要我們看事情的方式思考。雖然根據是出於聖經，但所闡述的原則不分宗教皆可使用。

我祝福，故我在

這是我們要謹記在心的基本態度。我們之所以存在，是因為要蒙神祝福才存在於這個世界。其次，神也要藉由我們祝福別人！蒙福是終極的結果，不代表每個時刻都順利愉快，但終究會苦盡甘來，所遭遇的艱難都是預備人進入蒙福所需的過程。不但我們要蒙福，我們之所以存在，也表示能帶給人祝福，並非我們有多大本事，而是神的旨意原是如此。在聖經中我們可以看到，神時時祝福著我們：

神就照著自己的形像造人，乃是照著祂的形像造男造女。神就賜福給他們，又對他們說：「要生養眾多，遍滿地面，治理這地，也要管理海裡的魚、空中的鳥，和地上各樣行動的活物。」

耶和華對亞伯蘭說：「……我必叫你成為大國。我必賜福給你，叫你的名為大；你也要叫別人得福。為你祝福的，我必賜福與他；那咒詛你的，我必咒詛他。地上的萬族都要因你得福。」

——創世記 12:1-3

像許多為人父母的，生兒養女無非是讓他們受到呵護，孩子的需要都有充分的準備。這不表示孩子會一切順利愉快，有時要帶孩子到醫院注射預防針，離開熟悉的家去上學，讓他面對新環境，適應與外人如同學、老師的種種人際關係，課業壓力等順利或不順利的遭遇。容許這些事發生原不是要傷害孩子，而是要幫助他，是對他好。

再看這三段經文：

・神就賜福給這一切，說：「滋生繁多，充滿海中的水；雀鳥也要多生在地上。」

——創世記 1:22

・神就賜福給他們，又對他們說：「要生養眾多，遍滿地面，治理這地……。」

——創世記 1:28

·並且造男造女。在他們被造的日子，神賜福給他們，稱他們為「人」。

——創世記 5:2

聖經也讓我們知道，造物者樂意賜福人，祂造人或招人做任何事時，都以應許賜福對待。福氣不是祈求才臨到，就如孩子尚未表達時，父母也都供應，只是在考驗下，進一步的福氣才能再陸續加碼。

接下來我們要抱持的第二個信念是；我們的存在也證明要帶給周遭祝福。我在台中教會策略聯盟中學到一句話；我們之中沒有誰富裕到不需別人幫助，也沒有人貧窮到無法分享。這是不是很棒的想法？所以當你到一個地方，心裡要默默的告訴自己，這裡將因我的到來而蒙祝福！不是我有什麼厲害，而是上帝的心意本是如此。祂要透過我們帶來祝福，要加給我們能做到的力量，但我們得願意相信，認真用心與付出，天人之間的合作就會產生祝福的能量。

我們不一定知道上帝的想法，但一定得知道上帝要我們怎麼想！接下來讓我們從聖經中學習帶來祝福的思維方式。

一、上帝做事有計畫

「凡事都有定期，天下萬務都有定時。神造萬物，各按其時成為美好，又將永生安置在世人心裡。」（傳道書／訓道篇 3:1、11）、「你們要追念上古的事。因為我是上帝……我從起初指明末後的事，從古時言明未成的事，說：我的籌算必立定；凡我所喜悅的，我必成就。」（以賽亞書／依撒意亞 46:9、10）就如老師教課都有其周詳的教案計畫、逐步的進度，學生不需了解教案如何排序，只要認真學習每堂課，每天配合老師的要求練習，就會通過考驗，並在習得之後學以致用。

觀察大自然生氣盎然，萬物共存，看似放野雜亂，但實在又井然有序。有序，才有研究科學的可能。有序，才有知識累積的結果。

若說人在神的眼中比萬物更寶貴，就如孩子在父母眼裡比一切都貴重一般。大地既在規律中生生不息，人也必在有計畫、有目的中默默的被成全。所以當人歷經一段歲月後，回過頭來總會心帶感恩，感念冥冥中上蒼保佑引領。所以我們稱新婚男女「天作之合」、「天賜良緣」，對每個人的能力則說「天生我才必有用」。

我們若是終究會蒙福，這過程必有神的帶領，了解這一點，就使我們對當下際遇的解讀十分不同：

明。

◎所發生的事對老天而言都不是意外，都有計畫配套，若憑信前進，就能柳暗花

◎神既有計畫，面對困難逆境就不需過於擔憂無奈，僅需鎮定以對，做對的事，自然安全過關。

老師不希望學生過於擔憂要面對的考試，即使考試失利也不需過度恐慌苦惱，因為有經驗的教師都有方法，能讓願意學習改進的學生最終安全通過考驗，順利完成學業。神對待人也是如此！從下面幾段經文中，就能看到神對待我們的愛護之心：

．我要為你的慈愛高興歡喜，因為你見過我的困苦，知道我心中的艱難。

——詩篇／聖詠集 31:7

．不但如此，就是在患難中也是歡歡喜喜的；因為知道患難生忍耐，忍耐生老練，老練生盼望；盼望不至於羞恥，因為所賜給我們的聖靈將上帝的愛澆灌在我們心裡。

——羅馬書 5:3-5

．因此，你們是大有喜樂；但如今，在百般的試煉中暫時憂愁，叫你們的信心既被試驗，就比那被火試驗仍然能壞的金子更顯寶貴，可以在耶穌基督顯現的時候得

著稱讚、榮耀、尊貴。

——彼得／伯多祿前書 1:6、7

◎上帝做事若有計畫，就會有一定的邏輯模式（pattern），所以我們對事情的看法有幾個觀點：

從過去可推理未來：過去既然也有神的計畫，人雖然可以自主選擇、破壞神的心意，但即使如此，仍然可以被使用來造福。若那些經驗不是毫無價值，上帝若要拿來成為祝福的材料，使未來可以翻轉改變，那麼已知的過去便能推敲出上帝對未來的心意。

現在也跟未來相關：現在的事件都是考驗預備我們，順或逆都不會是單一無關的事件，都有其造就我們未來成功的因果關係。找到看待事件的正面解讀，所能帶來的正面效應就是，今天的功課是預備你勝過未來的挑戰，若沒有學習，問題還會重來！

懂得下棋的人也懂得看人下棋。棋子未動則無法了解下棋者在想什麼，一旦舉棋落定，就能猜出幾分棋手的動機。造物者要我們在這局人生的棋盤上勝出，過去種種，以至於如今之逆順起落都要領人走完精彩勝出的這盤棋。

兩點畫出的直線可畫出未來的方向。過去若跟未來有關，過去至今一路走來的經驗便可以歸納出幾項重點，做為未來選項的參考，可以更準確判斷神的想法及最好的抉擇。所以當你面對抉擇時，參考過去的經驗、興趣、專長等背景，可以猜出神計畫帶領的是往哪方向！

找出過去經驗的正面意義，加上真理的規範，可判斷出神帶領你的心意，進而預估你該走的方向。過去有些經驗是負面傷害，不能直接把受傷負面情緒所產生的認知直接做為未來選項的參考。因為那些看法並非來自神要我們看事的角度，讓消極負面的記憶影響所面臨的選擇與思考是不正確的，必須將過去不好的經驗重新找到正面解讀意義，才能做為判斷未來的參考。

二、人有自由自己來，但神願意幫助尋求的人；人若自己主張，則要為所做的負責

自由是神給人最重要的禮物之一，使人可以有自己選擇的權利。自由是自我意識感知存在不可缺少的條件。其他動物沒有太多選擇意識，在已設定的本能中過活，因此也不至於惹出什麼大禍。但人有許多自主性，這是一種恩賜，每個人也要為所選擇的自行負責。

「你要專心仰賴耶和華，不可倚靠自己的聰明……不要自以為有智慧；要敬畏耶和

華，遠離惡事。」（箴言 3:5、7）絕對的自由帶來絕對的孤單與無助，因為人的能力有限，智慧有限，信心、愛心都有限，加上欲望、無知等，就是佛教所說的「貪、嗔、痴」與無明、執著心。所以愛人的神要助人一臂之力，陪伴願意讓祂帶領賜恩的人。在這過程裡，神有其原則，若人選擇邀請祂的帶領，祂會為你負責到底，但不是全部由神完成，人也得做好自己的部分。這叫自助天助，這叫盡人事聽天命。若要有神的帶領賜福，人所該抱持的態度應是：

◎**要有信心**：我們跟人相處共事也希望別人尊重信任，表面授權卻又懷疑不放心不信任，讓人很討厭！人雖有限尚且希望別人相信，而神真正值得信任，我們若心存不信，就實在不敬。如同〈希伯來書〉說的：「信就是所望之事的實底，是未見之事的確據。」、「人非有信，就不能得神的喜悅；因為到神面前來的人必須信有神，且信他賞賜那尋求他的人。」

◎**要順從**：信心的具體結果就從行動中看得出來。孩子若決定聽從父母，就要照父母的吩咐而行。人若願意相信上帝有能力帶領，就得照祂話語而行。好像旅遊團員要遵照導遊指示，配合行程所當注意事項。

人具有神所賜的聰明智慧，若要自行處理，倒是能解決不少問題，但卻也常有後遺症。這是所謂的「小聰明」，我們說這是「聰明反被聰明誤」。二十一世紀許多環保問題是人聰明所造成的傷害。核能發電，交通運輸，科技產品，西化飲食，正統醫療等，都是有得有失的現代化現象，越到時代後端，問題突顯越嚴重。上帝給人一個蒙福幫助的機會，就是相信祂可以幫助，祂樂意負責，若選擇自己作主，就得自行承擔後果。

三、事情的發生往往有撒但伺機等候加以攻擊的可能，你可以決定讓撒旦得逞與否！

不論你的信念裡是否有魔鬼撒但等類的角色，聖經讓我們曉得，這個世界並不單純。有一位搗亂的破壞者，伺機造成我們傷害。所以不是僅僅由人與神配合就沒事，另有一位耶穌稱為「惡者」或「盜賊」的，不但想藉由壞事來使人虧損，也擅於讓好事變成傷害人的工具。我們說「失敗為成功之母」，但那惡者，也就是聖經說的撒但，卻想使我們「成功為失敗之母」。

「盜賊來，無非要偷竊、殺害、毀壞；我來了，是要叫羊（或譯：人）得生命，並且得的更豐盛。」（約翰/若望福音 10:10）、「你不可為惡所勝，反要以善勝惡。」（羅馬書 12:21）撒但倒不能勉強人做什麼，雖然牠可以盡可能攔阻傷害人，卻無法強迫人屈服！我們得相信上帝的力量幫助我們防止撒但有機可趁，並且設下停損點。人越了解上帝作風的同時，也會相對了解撒但的伎倆，對事情的看法會更為敏銳。上帝是要透過當下的我們賜福人、造就人，即使有一段艱難過程，終究要苦盡甘來。相對的，「盜賊來」要使任何好事、壞事都帶給人虧損、誤導、傷害。

再看這個：「務要謹守，儆醒。因為你們的仇敵魔鬼，如同吼叫的獅子，遍地遊行，尋找可吞吃的人。你們要用堅固的信心抵擋他。」（彼得／伯多祿前書 5:8-9）魔鬼若能像獅子一樣那倒好，我們老早逃之夭夭！這裡用獅子比喻魔鬼，恐怖指數滿點，卻不易辨認，所以要儆醒，畢竟撒但騙人經驗長達數千年，實在非人類所能辨明。因為生活周遭有許多危險是常被忽略低估的。

新任主教聽說到達紐約後很有可能被報界拖入預設的陷阱，所以格外小心。從機場出來，有記者一見面就問：「你想上夜總會嗎？」主教想避開這個問題，就笑著反問：「紐約有夜總會嗎？」

第二天早上，報紙登載的這次訪問新聞的大標題是：「主教走下飛機後的第一個問題：紐約有夜總會嗎？」

狡猾的惡者雖然讓人防不勝防，我們得學習警覺，至少不助長其得逞機會。

四、神掌權，最終會得勝

許多時候我們憂慮害怕的是所處的當下確實堪憂，人因無法預知未來，在事情出差錯時難免墮入焦慮、心中牽掛。若能預先知道一切所擔憂的事都會有圓滿結局，而擔憂也無濟於事，我們就容易輕鬆面對。此時神要我們了解，一切祂預先已知，也已未雨綢繆、有所準備。並且祂先告知我們，一切都在掌握中，祂有能力翻轉局面，只要保持相信，與神合作，終究這場人生戰役就必凱旋收場。

好像一位數十年教學經驗的老師，只要學生按其指導，完成練習與作業，就保證學生一定能學成過關。

「他們（敵人）與羔羊（基督）爭戰，羔羊必勝過他們，因為羔羊是萬主之主、萬王之王。同著羔羊的，就是蒙召、被選、有忠心的，也必得勝。」（啟示／默示錄17:14）這是一條應許之路，保證願意走在其上的人終將抵達勝利的目的地。當人有這番篤定的確據，對一時的打擊逆境就不致太沮喪在乎；既然最終會得勝，就盡快脫離此時的困境失敗等，趕緊下一階段的行程。

有一次，青蛙族舉行一場攀登比賽，比賽的終點是座很高的鐵塔塔頂。比賽開始了，有一群青蛙觀眾圍著鐵塔看比賽，卻也有觀眾在高聲議論：「這塔太高，牠們肯定到達不了塔頂，太難了！」聽到這些話，很多青蛙洩了氣、退出比賽，但仍有部分青蛙還在向上爬。觀眾更高聲議論：「這太難了，沒有誰能爬到頂的！」

於是，越來越多青蛙退出比賽，到最後只剩下一隻還在努力。雖然，觀眾還在繼續說著：「下來吧！太難了，不可能爬上去的！」但牠毫不氣餒，雖然費盡力氣，終於攀上了塔頂。牠下來之後，大家很想知道，牠哪來這麼大的力氣與信心爬完全程；有一隻青蛙跑去問牠，這才發現：原來這隻青蛙是聾的！

如果知道結局是成功的，今天我們只要專心做應該做的事，神自有其辦法逐步來成就好事，直到世界的結局也會是美好的。

基於以上這些信念，聖經要我們知道上帝做事有計畫，若願意讓祂帶領人生的路程，祂便會負責引導我們一生。期間雖可能有撒但的破壞，我們得照神的心意做對的事，不讓撒但預謀得逞，老天則會掌權大局，最終得勝！這得勝包括今生的，也包括未來永遠的。海倫．凱勒的一生，就是最貼切的例證：

海倫·凱勒的一生	合神心意的解讀
·1882年，出生十九個月時，一場病造成又聾又盲又啞的殘障人生，令人不解其悲哀而令人遺憾的遭遇！	相信神有計畫，不是前世造孽，即使人有過錯疏失，仍可被有計畫性的轉變！
·1887年，富裕的家、賢慧善良心胸寬大的母親，陪伴海倫五十載的安妮·蘇利文正式成為她的老師。	任何人都相信老天雖然讓海倫·凱勒身體極為不便，卻也恩慈待她，才能展現不平凡的一生，帶給世人極寶貴的鼓勵。
·1899年，接受劍橋女子學院、拉德克利夫學院等名校教育。	
·1904年，從拉德克利夫學院畢業，成為歷史上第一位獲得文學學士學位的盲聾人。	
·1918年，海倫將新家當成美國盲人基金會廣泛籌款的基地。不僅籌款，還為改善盲人的生活和工作條件不辭辛勞地四處奔走。	
·1936年，除了身體的障礙、一切的不便、父母相繼離世之外，蘇利文在此年離世，接著照顧她的葆麗·托馬森也中風離世。	陪伴海倫·凱勒一生過程的人一定曾經為她擔憂傷心難過。但神掌權，而且得勝。我們也都應如此。
·1953年，一部有關海倫生活、名為《不可征服的人》的紀錄片，獲得了奧斯卡金像獎的最佳紀錄片獎。	不論是人自己造成，或是惡者撒但來的傷害。阻撓再多都不要放棄，神有能力翻轉局勢，化悲為喜。
·1964年，海倫獲得了林登·詹森總統頒發給她的「總統自由勛章」，這是頒發給平民的最高榮譽。一年之後，她被紐約世界博覽會選入「婦女名人堂」。	

心中的態度決定一切

當我們確信事情就是如此，便設定了心中的態度，對事情有一定的看法角度，就決定了反應行動，以至於造化命運結果。

基於以上的信念，我們對事情的看法是這樣：

一、今天發生的事是預備你有能力面對未來更大的挑戰

人無法預知未來，但上帝知道，祂看見未來我們將面臨一些考驗，是現在我們的程度尚不可及，無法勝任。上天不願眼睜睜看我們到時候失敗受挫，所以提早先訓練預備我們，以致將來才能勝任度過。所以今天所遇到的事，不論好壞，都跟未來直接或間接有關，若這次學了功課，得到教訓智慧，就必有助於未來的成功。

小鳥破卵而出使其肢體更健朗，蝴蝶也必須破繭而出，翅膀才有血液流通，堅硬開展。孩子成長過程中，經歷跌傷、同學人際關係的問題、考試不利、不得所求的失望等，這些經歷能讓孩子學習自我保護，培養負責能力，成熟獨立。

二、發生事情時不管是不是你的錯，你都不孤單

既然老天都有計畫有安排，我們就不是孤單無援的。特別在事發當時，強烈的恐懼，不知所措，無奈沮喪等，都讓人感覺很無助無援，以為自己孤單面對。此時要提醒自己不是孤單的，不論問題是別人所造成，或是出於自己的失誤，我都不是單獨面對，都有神的陪伴。當我們有如此的認知，就不至於太過恐慌擔憂，知道船到橋頭自然直，柳暗花明又一村。

記得小學一年級的一天上學時，父親交代姊姊帶我上學，一定要把我帶到課室。姊姊就牽著我，她讀三年級，我剛入學。走到學校操場上，上課鈴聲響起，姊姊一時緊張，竟棄我不顧跑去上課了！我一人站在操場上，學生似乎都到課室去了，學校這麼大，也不知我的課室在哪！忽然有一隻手從我後面牽起我的小手，抬起頭一看，原來是父親。原來我不孤單，父親一直在後頭跟著我們姊弟倆，恐怕受託的姊姊萬一出差錯，就能即時伸出援手。

關於神的陪伴，聖經這麼說：

・我也與你同在。你無論往哪裡去，我必保佑你，領你歸回這地，總不離棄你，直到我成全了向你所應許的。

——創世記 28:15

・我不撇下你們為孤兒，我必到你們這裡來。

——約翰／若望福音 14:18

・你求告，耶和華必應允；你呼求，他必說：我在這裡。

——以賽亞書／依撒意亞 58:9

・我要作你們的父；你們要作我的兒女。這是全能的主說的。

——哥林多／格林多後書 6:18

三、如果你沒有學會功課，問題還會再發生，傷害還會再重複

學習是需要累積才有進度，每個階段都接續先前步驟，也與下階段互為因果。哪裡跌倒就在哪裡站起來，提早學習就不再重蹈覆轍，若只是等時間拖過就算了，以後問題還會再出現，困擾傷痛會再發生。

「愚昧人行愚妄事，行了又行，就如狗轉過來吃牠所吐的。」（箴言 26:11）這句經文蠻噁心，誇張的形容那些沒有從經驗中習得教訓的人，重複做錯，沒有學乖，就如狗把所吐的又給吃回去，令人作嘔！

要改變重蹈覆轍的愚昧需要培養幾項能力，在此用耶穌所講的一個「浪子的比喻」的片段來說明。

耶穌又說：「一個人有兩個兒子。小兒子對父親說：『父親，請你把我應得的家業分給我。』他父親就把產業分給他們。過了不多幾日，小兒子就把他一切所有的都收拾起來，往遠方去了。在那裡任意放蕩，浪費資財。既耗盡了一切所有的，又遇著那地方大遭饑荒，就窮苦起來。於是去投靠那地方的一個人；那人打發他到田裡去放豬。他恨不得拿豬所吃的豆莢充飢，也沒有人給他。他醒悟過來，就說：『我父親有多少的雇工，口糧有餘，我倒在這裡餓死嗎？我要起來，到我父親那裡去，向他說：父親！我得罪了天，又得罪了你；從今以後，我不配稱為你的兒子，把我當作一個雇工吧！』於是起來，往他父親那裡去。

相離還遠，他父親看見，就動了慈心，跑去抱著他的頸項，連連與他親嘴。兒子說：『父親！我得罪了天，又得罪了你；從今以後，我不配稱為你的兒子。』父親卻吩咐僕人說：『把那上好的袍子快拿出來給他穿；把戒指戴在他指頭上；把鞋穿在他腳上；把那肥牛犢牽來宰了，我們可以吃喝快樂；因為我這個兒子是死而復活，失而又得的。』他們就快樂起來。」

——路加福音 15:11-24

自覺：許多時候自己是最容易遇見的貴人！但願我們周圍許多貴人出現，但若沒有，自己就是自己的貴人。要有自覺力（awareness），醫學上稱做「病識感」（Sense of insight）。故事中的小兒子散盡家產之後，落得養豬餬口地步，在飢不擇食的當下，恍然覺悟到「我父親有多少的雇工，口糧有餘，我倒在這裡餓死嗎？」人有禽獸所沒有的一種寶貴的能力，就是自省覺察力。陳怡安教授說「自覺是治療的開始」，善用自覺的人有自知之明，常會客觀觀照自己的言行動念，檢討、調整自我，歷經歲月後能累積智慧，遂而不惑，知天命，耳順，從心所欲而不逾矩！

決定：領悟是不夠的，決定所領悟的認知，決定持何態度，決定行動。故事中的小兒子自覺之後做了一個決定，他告訴自己：「我要起來，到我父親那裡去，向他說：父親！我得罪了天，又得罪了你；從今以後，我不配稱為你的兒子，把我當作一個雇工吧！」一自己有太多機會造化自己，也一定有許多智慧的領悟，但只有下定決心才能產生行動力，改進局面。

行動：自覺後即當規劃盤算，付諸行動。「於是起來，往他父親那裡去。」有行動未必成功，沒有行動確定不會成功。沒有付出行動常是因為害怕失敗，假設可能無效，怠惰成性。也許事情嚴重性不夠，以為事小，不處理也沒有大損失等因素，以至於拖延拉扯停擺。

覺察出問題，決心改變，付諸行動。這樣的模式不斷循環於生活經歷中，形成習慣的態度，假以時日，一定會有了不起的生命力展現。

四、神不勉強人，對的事你即使做不到，神不會定你罪（但人會！）

在許多人的心中，上帝是嚴厲的，對每件事情的標準是最高、完美、完全。所以當人自知有錯，沒達到理想，自己都不滿意更何況神！因此自責、內疚、沮喪的感受隨之而來，以為神的懲罰將至。這不是神真實的作風，這也常是宗教所誤導的神觀，也是人以自己不自覺的意識型態來認知神的性格。

聖經用許多篇幅，以不同文學形式、多樣性的故事比喻神的愛是「無條件的愛」：

．耶路撒冷的眾女子啊，我囑咐你們：不要驚動、不要叫醒我所親愛的，等他自己情願。

——雅歌 8:4

．古時耶和華向以色列顯現，說：我以永遠的愛愛你，因此我以慈愛吸引你。

——耶利米書／耶肋米亞 31:3

．神愛我們的心，我們也知道也信。神就是愛；住在愛裡面的，就是住在神裡面，神也住在他裡面。

——約翰／若望一書 4:16

對於自己不盡如人意的表現、失誤或犯了不應犯的錯，我們不需自責太過，免得妨礙未來讓失敗為成功之母的契機，更不需認為神要懲罰、遭天譴之類的不健康觀念。罪惡感或自責僅是良知啟動功能，使人停止做錯，勉勵自己奮發改進。可是一些人卻無法節制罪疚感，長期內心控訴自己，貶抑否定自己，讓自己十分受傷，失去鬥志動力。要知道神的愛是無條件的愛，這種愛最偉大，有醫治的效果。

希臘文中，「愛」這個字就有幾個不同的層次：

Xenia：主人對賓客的禮遇，殷勤接待，在古代希臘是極重要的習俗。主人為賓客提供飲食與住宿，但所求的只是賓客的感謝而已。

Philia：友誼，冷靜且高尚的愛，包括對朋友、家庭與社群的忠誠、善良、平等與友善。Philia 會因為現實原因而增進雙方關係的益處。

Eros：性愛與激情，雙方感官的享受與擁有。解釋為沐浴在愛河裡與肉體上的愛。

Storge：家庭之愛，父母對子女的愛。

Agape：真愛，無條件的愛，純愛，也用於精神上的愛。

人的愛有時會成為傷害，那是極具條件式的愛，不論是情侶或親子，期待、要求對方達到自己的要求，將可能造成對方病態、抑制自我、疲於達成別人的期許，以至於忽略、遺忘自我，否定、壓抑自我，扭曲、勉強自我等心態，無法發展自然的生命力！以某目的為愛的先決條件讓人不安，即使達到要求，卻不知能維持多久，下次還不知是否能如此表現等心情，很讓人忐忑難安，活在別人的眼光中！

Agape 被認為是最高等級的愛，即「無條件式的愛」，雖仍然對於對方有所期許，但表現如何不影響給予的愛。成也好，不成也好，還是會接納對方、愛對方。這樣的愛讓人有安全感，不需擔心表現不佳而會被拒絕否定。若失敗或沒有順對方心意不需太過自責，反而會自己檢討修正自己行徑，養成健康的自覺負責心態。

「因我們還軟弱的時候，基督就按所定的日期為罪人死。為義人死，是少有的；為仁人死，或者有敢做的。惟有基督在我們還作罪人的時候為我們死，上帝的愛就在此向我們顯明了。」（羅馬書 5:6-8）這樣無條件的愛在我們周遭實在不易存在，因為人難免有私心，因此人得從信仰中尋求。

但是，強調「無條件的愛」的宗教其實也不常見，或是原本有，但經過人的世代傳遞，可能又變質，把神無條件的愛一一都變成有條件式的愛：修練達到更高境界、最高品格道德標準、永無止境的善行等，沒有做到就是不夠虔誠、沒有信心、付出不夠等罪名。這是很可惜的事，反而造成信徒對信仰的誤解失焦，甚至傷害，這在宗教信眾間屢見不鮮！基督教內也不例外，教義、教條、教規、傳統、習慣等，往往使人在信仰中失焦，忽略了神無條件愛所能帶給人的激勵作用。難怪有人一旦放棄信仰，反而有一種輕鬆豁然的感覺。

或許許多宗教不信任這種無條件的愛，認為這樣會沒有界限、難以規範、無從把握，會因各人不同主張而失控，所以認為具體的規矩會比較「放心」，殊不知這卻讓人感到壓力，畢竟來自宗教的要求與標準都以完美高標著稱，無限上綱式的道德與宗教修練理想反成壓力，甚至使人沮喪，一些副作用也隨之而來，如達不到理想的自責導致罪惡感，察看別人的表現，比較心理等十分不健康的態度。好像剛從世俗的重擔壓力出來，隨即掉進另外一個沉重的宗教泥沼裡一般！

神既然造人有自由意識，就真給人決定，那些願意相信的，是出自情願。當我們做不到理想不必過度自責，也不要因罪惡感而誤以為是神正怒視自己，這是十分誤解上帝的品格。雖然神給人的標準極高，也沒有妥協姑息，但使人前進的不是指責、嚴厲要求、懲罰等！取而代之的是同行陪伴、憐憫、愛的激勵！

看看下面三段聖經中的話語：

‧上帝愛世人，甚至將他的獨生子賜給他們，叫一切信他的，不致滅亡，反得永生。因為上帝差他的兒子降世，不是要定世人的罪，乃是要叫世人因他得救。

——約翰／若望福音 3:16、17

‧我們愛，因為神先愛我們。

——約翰／若望一書 4:19

‧原來基督的愛激勵我們。

——哥林多／格林多後書 5:14

當人知道，愛他的人或神不會因為表現好壞影響對自己愛的接納支持，失敗後就不會擔心被指責，不用害怕再次嘗試，或是產生不做不錯的心態。容易從跌倒處再站起來，很快可能就能從錯中學，東山再起，敗部復活。所以無條件的愛、接納、支持極具激發人潛力的動能，也是我們能給予所愛的人最有幫助的禮物。

五、所發生的事，其目的是帶來終極的祝福，絕不只是要你看見問題而已

有時候人會變成十分擅長分析問題，可以把問題講得非常嚴重，感覺情況十分糟糕，完全沒救，全然無解的地步！這絕不是我們看事情應該有的角度和態度！有些時候人似乎以為，能精闢地把問題講到很大會讓人覺得自己挺聰明、蠻有知識。其實正好相反，會道出問題所在的人固然有些頭腦（比不知不覺的人好些），但絕不是真正厲害的人，因為不夠厲害所以沒有解決問題，才只停留在分析問題，甚至抱怨上。

一九七二年，新加坡旅遊局給總理李光耀打了一份報告，大意是說：「我們新加坡不像埃及有金字塔；不像中國有長城；不像日本有富士山；不像夏威夷有十幾米高的海浪。我們除了一年四季直射的陽光，什麼名勝古蹟都沒有。要發展旅遊事業，實在是巧婦難為無米之炊。」

李光耀看過報告，非常氣憤。他在報告上只批了這一行字：「你還希望讓上帝給我們多少東西？陽光？陽光就夠了！」

後來，新加坡利用那一年四季直射的陽光，種花植草，在很短的時間裡，發展成為世界上著名的「花園城市」。曾經連續多年，靠著「只有陽光」，他們的觀光收入名列

亞洲第三位。

聖經要我們用這樣的態度看事情；一切的發生都讓我們有所獲得，不論好壞都可以累積成為有價值、有意義的經驗，用來預備未來所要面對的一切。負面解讀事實或許有理，卻只能造成負面情緒，不但沒有解決問題，且對未來會有副作用，福氣來到也會失之交臂。

所謂「塞翁失馬，焉知非福」，因此正面解讀很重要，才能累積有價值的蒙福指數，這需要自我練習，特別在不順遂、覺得壓力重重、逆境嚴峻、被誤會、受到不平待遇時，都是鍛鍊正面思考的最佳時機。藉由反向思考、腦力激盪，靜下心來仔細揣摩境遇中的意義價值在哪裡？不要等到真要受到極大傷害才發現自己脆弱，心志被打擊，吃盡苦頭！不如把握現在的機會，在不順利時鍛鍊一番，將來才有免疫的抗體。這番頭腦操練倒不會永遠如此辛苦傷腦筋，而是越來越純熟，判斷反應越迅速，見解也會更精準，成為直覺反應，且會十分有自信。這就是合神心意的思考能力，在種種困境中懂得逆轉勝的契機。

聖經用這兩段經文來說明這一點：「我們曉得萬事都互相效力，叫愛神的人得益處。」(羅馬書 8:28)、「凡事都是為你們，好叫恩惠因人多越發加增，感謝格外顯多，以致榮耀歸與上帝。所以，我們不喪膽。外體雖然毀壞，內心卻一天新似一天。我們這至暫至輕的苦楚，要為我們成就極重無比、永遠的榮耀。」(哥林多/格林多後書 15-17)

面對「苦其心志，勞其筋骨，餓其體膚，空乏其身」的窘境時，要知道這一切都能夠轉化成相得益彰的祝福，雖然需要花時間，耐心等候，付出代價，但卻一定值得。既然這些經歷已是既成事實，無法避免，就千萬要耐著性子，轉變想法，才能撐到祝福的來臨。而不要僅僅受其苦害，卻無所獲得，那就只會是虧損罷了，這絕非神容許此事發生的心意！

合神心意的思考，就是學習神希望我們看待所發生的事的思考方式，用這種方式去了解、分析、解讀，就會有新的領悟，不在無奈中受苦，而是累積智慧、福氣、恩典，使未來更豐盛。

第四章

常見的困思

隨著歲月經驗，每個人都會累積一套哲學思想，成為對周遭事物的看法，自覺這是一套合理甚至攻不可破的論點，用以解釋不同的議題。如對感情的看法，人際觀，宗教觀及待人處事等，及至思想受到挑戰，新的經驗與過去想法不同，衝擊向來習慣的認知，才會再次被啟發，學習新的認知理念。固執的人可能還是寧願維持固有想法，就是自己熟悉，感到較安全的一套自覺合理解釋。新的觀念似乎讓人感到陌生、不安，得要降卑自己重新學起，會使向來自以為圓滿的理解受到挑戰，面臨取捨的窘境，讓人不安，感覺不如退到原有熟悉的觀點中，維持自尊顏面。也因此容易形成思想僵化、自以為是的盲點困思之中。

人的思想習性有如此現象，大腦思考會形成「模組」（Mode），就是遇到適當情境時會啟動，調出某套習以為常的意識形態來面對。每一次套用此類意識模組時都覺得蠻合理、有效果、挺管用，遂而產生增強作用，形成自己熟悉的思想方式，逐漸形成一個人的個性、氣質、人格等，用以面對處理每天的際遇，就造化成這個人的一生。

有些常見的思考習慣值得檢討，所造成的利弊需要有所評估，才容易走出思想盲點，看見重點。本章要來探討幾項我們習慣思考的路徑——沒有幫助，反而困住的思考盲點。

我們常問：這樣做會有結果、會有效、會有幫助嗎？

我們都希望所做的事有成效，問題困難被解決，因此經常會問所做的事是否有效，能不能改善、解決問題。這樣的問題問得很理所當然，因為要決定做一件事需要付出代價，所以總會評估值不值得。但我們是人，不是神，對未來無法絕對有所把握，所以當我們問起這些問題時，往往沒有十足把握！既然沒有把握，就常質疑是否還要付出，考慮是否繼續做下去，以至於對的事也放棄去做了。

沒有做對的事，就不會有好事發生！我們之所以沒把握，或許有某些道理在，因為我們參考過去至今的經驗，可能曾經試過而無效，努力過卻失敗等！若知會有效果，即使再辛苦我們都願意付出，問題是若無把握，何必白費工夫呢？殊不知這種思考看似有理，實際卻是沒有功能的困思！

遊客來到海邊散步，看到一個少年在撿沙灘上的海星。少年不斷的把海星撿起、拋回大海，免得被曬死、再撿起另一顆被漲潮推上岸的海星……

遊客不解的問：「下一波的海水來時，成千上萬的海星又會被推上岸了，你這樣做會帶來多少改變呢？」少年卻堅定地回答說：「對我來說改變不了太大，但對我手上這個海星來說，卻大大不同！」

期待好結果固然是十分正常合理的想法，可是我們卻常因預估無法成功而放棄做對的事，也讓「預估失敗」成了習慣性的藉口。

「看風的，必不撒種；望雲的，必不收割。」（傳道書／訓道篇 11:4）、「懶惰人說：外頭有獅子；我在街上就必被殺。」（箴言 22:13）要知道，我們的責任是學習用對的想法做對的事，以對的態度講對的話，結果由上帝負責，我們只管做對的事，不讓結果或成或敗動搖、阻止我們做對的事，如此持續下去，便能加總至蒙福的最終結果。

譚頓是一個喜歡拉琴的年輕人，他和一位黑人琴手一起爭到一個最能賺錢的好地盤，在一家銀行的門口，那裡有很多的人潮。過了一段時日，譚頓賺到錢之後，就和黑人琴手道別，因他想到音樂學府拜師學藝。於是，譚頓將全部精神投注在提升音樂素養和琴藝之中。

十年後，譚頓有一次路過那家銀行，昔日老友——黑人琴手——仍在那「最賺錢的地盤」拉琴。當他發現譚頓突然出現時，停下拉琴的手，熱絡地說道：「兄弟！好久沒見，你現在在哪裡拉琴啊？」譚頓回答了一個很有名的音樂廳名字，但黑人琴手反問道：「那家音樂廳的門前也是個好地盤，好賺錢嗎？」「還好，生意還不錯！」

那位黑人琴手哪裡知道，十年後的譚頓，已經是一位知名的音樂家，他經常在著名的音樂廳中獻藝，而不是只在門口拉琴賣藝呀！

做對事不見得立即見效，而不做對的事，就更不可能有效！如同聖經所說：「早晨要撒你的種，晚上也不要歇你的手，因為你不知道哪一樣會發旺；或是早撒的，或是晚撒的，或是兩樣都好。」（傳道書／訓道篇 11:6）

我們常覺得：他這樣做很不尊重人！

我們時常太在意別人對自己的尊重，因而造成人與人之間關係受損。我們最不值得為別人是否尊重而生氣或感覺受傷。別人不尊重你有可能不是故意的，那表示他該學習，或者有人應該提醒他，而不是我們要感覺自尊心受損。若對方真的故意不尊重你，那就是他風度修養的問題，是對方應改正，而不是你應該受傷！

另外，有時當事人原本不覺得，卻被周圍的人提醒：「某某人這樣做，這樣說，對你很不尊重耶！」一經提醒，負面情緒立即啟動。因為我們覺得不應被如此對待，不應無故吃虧，這樣顯得自己很愚笨，會被看不起，我們很怕被人笑，笑我們不懂維護自身權益尊嚴，不能接受被人當傻瓜！所以一旦被無禮對待就氣急敗壞，這是常見引起爭端的劇碼！

太平盛世時分，也就是沒有發生重大打擊或戲劇性的重創事件時，最能熬煉人心志風範的考驗，莫過於遭遇別人不尊重的對待，這也是我們經常會受到的考驗。光是這一點，就足以熬煉我們非凡的人格風範。

郭子儀是唐朝宰相，是位的政治家、將軍。一天他問一位禪師，：「師傅，佛法如何解釋傲慢？」聽了這話，禪師的臉色立即改變，回答說：「你這個呆子，你在問什麼笨問題？」郭子儀一聽這種無禮的回答，感到受羞辱，臉上顯出氣憤。於是，禪師微笑的說：「大人，這就是傲慢。」

自尊心的英文pride，也翻譯作驕傲、自大。不被尊重時相對的自己的驕傲受到否定打擊，是難以壓抑的挫敗感，實在令人難忍氣憤！當人有自信時，就不會因人的無理而感覺受傷。就像一個有上億家產的人，不會因為賣菜的人多坑他幾塊錢就憤憤不平；但一個一貧如洗的人，稍受虧損便不平難安。

舊約以賽亞先知在以預言文筆描述彌賽亞所受的苦難時這樣說：

他被藐視，被人厭棄；多受痛苦，常經憂患。他被藐視，好像被人掩面不看的一樣；我們也不尊重他。他誠然擔當我們的憂患，背負我們的痛苦；我們卻以為他受責罰，被上帝擊打苦待了。

哪知他為我們的過犯受害，為我們的罪孽壓傷。因他受的刑罰，我們得平安；因他受的鞭傷，我們得醫治。

我們都如羊走迷；各人偏行己路；耶和華使我們眾人的罪孽都歸在他身上。

他被欺壓，在受苦的時候卻不開口；他像羊羔被牽到宰殺之地，又像羊在剪毛的人手下無聲，他也是這樣不開口。

因受欺壓和審判，他被奪去，至於他同世的人，誰想他受鞭打、從活人之地被剪除，是因我百姓的罪過呢？

——以賽亞書／依撒意亞 53:3-8

在不被尊重的時候依然能原諒、接納對方，這一定是出於愛的緣故，而且只有無條件式的愛才能做到。好的修養讓自己更豁達也能做到包容，那也很不簡單，但只有愛會給人願意改變的力量。

我們常認為：人的耐心是有限的！

對方一再犯錯，幾經提醒也不見改善的時候，讓人忍無可忍。人的耐心有限的觀念給了我們難忍的藉口，問題是無法忍受之後又將如何？往往形成衝突、破局等傷感場面！暫時的戒急用忍，可能是避免問題擴大的好方法，但消極性的忍耐常會有副作用，一方行為不當未受糾正，一方頻受虧損未得平反。

從地理位置上看，溫州一面臨海，三面環山，且多為高山深壑，行路難不亞於蜀道之難。溫州人雖然能夠忍受經商中的諸多之苦，然而他們經商成功不僅在於能忍，也在於有所不忍。他們敢於經商、善於經商的原因是忍受不了、也不願忍受貧窮之苦。

直至一九八九年，沿海十四個城市中，只有溫州不通鐵路，沒有機場，自然條件是先天不足，又地處海防前哨，長期以來，國家除了從戰略角度考慮，僅視溫州的軍事功能修築必要的軍戰設施外，經濟建設投資少之又少。

但溫州人不會因為內在與外在的壓力而停止自己賺錢的步伐，即使忍受了很多非議與磨難，仍然積極開拓，自強不息，創造出了一個又一個的經濟奇蹟。

忍所當忍很不錯，但如果還有解決應對的智慧，忍耐便更有價值，問題才得改善。人的忍耐到底有沒有限度，這個問題我們可能沒有仔細想過；如果對方做了不該做的事，使我們感到被冒犯或受虧負，應該給予提醒、糾正或規勸。他若改正，我們就不需再「忍受」其不當行為所帶來的困擾。倘若我們不知如何跟對方溝通，或逃避教導對方的責任，所以得忍受對方的錯誤行為所帶來的煩惱損失，直到無法忍受時便以「人的忍耐是有限的」為由而發脾氣或反擊！這種反應往往帶來更大的損害，其負面影響也可能是無法挽回也料想不到的！

其實我們可以想的是：如何看待這事？可以怎樣說？怎樣做？怎樣改善解決問

題？而不是僅用「忍耐」來對待！聖經也提供許多示範，教導我們處在與人的問題上如何面對與溝通，這將在下一章中探討。

很久以前有三個漁民，他們一起坐漁船出海捕魚，卻不幸遇上了大風浪，吹翻、吞噬了他們的漁船。其中兩人遇難了，一人努力游到附近的荒島上，也就是說，只有一個能夠幸運地活下來。

荒島上有水果和鮮魚可以幫助充飢，不幸並沒有磨滅他半點的生存意志。這個倖存者收集木材為自己搭了一所木屋，採集了大量水果，捕魚，並把糧食儲在木屋中。他每天都期盼著荒島附近海岸會有船駛過，發現他的存在並救起他好讓他回到社會中。

日子一天一天地過，倖存者每天睡醒都看不到船駛過，他等著，死神每天都帶給他絕望，每天都蠶食著他的生存意志！有一天天色轉變，暴風雨來了，倖存者趕忙找個地方躲起來。突然天空出現一道裂縫，「隆」的一聲給木屋著了火！他慌亂起來用水潑向木屋，可是他的木屋和糧食就這樣付之一炬於閃電之中，他心想：這次想必完蛋了！天也要趕我上絕路！絕望已超過他所能承受的限度，他決定上吊就此結束自己的一生！

就在他斷氣不久後，一艘船從遠方駛來荒島，船長下船後看到著火的木屋和吊在樹上的屍體，頓時明白了：這個人沒有想到著火的木屋會把我們引到這裡。如果他能再撐一會兒，就得救了。

這位漁夫原本做得很好，在意外中存留值得感恩，積極於當下求生與等候是正確的態度。救援不來至少自己還活得下去，失望之餘還可樂觀地活在當下吧！一把火燒掉住處與糧食，自己卻沒燒傷，除了傷心還可慶幸！如何？不僅要忍耐，還要懂得想。想通的話就要自己做決定，決定自己要選擇有利的角度看事情，就不致讓傷心感蠶食自己，不戰而敗，卻能調整站穩，一旦祝福出現，便能牢牢抓住！

聖經有許多篇幅都這麼鼓勵我們：

- 我們行善，不可喪志；若不灰心，到了時候就要收成。——加拉太／迦拉達書 6:9
- 惟有忍耐到底的，必然得救。——馬太／瑪竇福音 24:13
- 你們落在百般試煉中，都要以為大喜樂，因為知道你們的信心經過試驗，就生忍耐。但忍耐也當成功，使你們成全、完備，毫無缺欠。——雅各／雅各伯書 1:2-4

．也要堅守我們所承認的指望，不至搖動，因為那應許我們的是信實的。

——希伯來書 10:23

我們常以為：人對我不實的毀謗如覆水難收！

名譽節操一直是人格教育重要價值的基礎，一旦遭到破壞懷疑，就會讓人感受莫大傷害難安。我們從小被告知，說出去的話如潑出去的水，覆水難收。毀謗與謊言既已散播，自己的名聲被污衊，是無法挽回令人痛心！

其實不需把事情看得過於嚴重，遺憾若真的造成，謠言既已散播，我們則應該立定思緒，把握所能掌握的作為，讓時間來挽救局勢。幾方面的信念可以放在心裡：

一、別人對你的印象是你能掌握的

一時的誤解或許不是我們能掌控、避免的事，但也不會是世界末日。來日方長，所謂「留得青山在，不怕沒材燒」，自己的實力和持續的作為會證實你的名節與可靠性，但你需要的是時間，所以要沉得住氣，不要被不實流言打倒，時間會證明你是怎樣的人。

二、要相信自己

若自覺被冤枉，自己不是別人所說的那樣，就要對自己有信心。別人既然不信任你了，自己不能也跟別人一樣不信任自己。人一時的誤解，我們若無法即刻改變，至少可以即刻決定相信自己，給自己時間跟機會，有一天就能改變別人的看法。一旦你有如此自信，心緒就很快能安定，局勢就可以逐漸掌握了。

三、反省機會

也許無風不起浪，別人或許用了不當的方式在背後批評、論斷我們，但是否自己也有有待改進之處？至少別人冒犯之時，也常引發自己自負驕傲的自尊心，這些表面與內心的處理都是門功課，趁此機會自省，該改的，該調整的，該承認的、面對的，都是讓我們心志更成長進步的時機。不要讓一時的氣憤不平錯失生命學習智慧的機會。

背叛的諸侯有扈氏率兵入侵時，夏禹派他的兒子夏啟抵抗，結果啟打了敗仗。他的部下很不服氣，要求繼續進攻，但是夏啟卻說：「不必了，我的兵比他多，地也比他大，卻被他打敗了，這一定是我的德行不如他，帶兵方法不如他的緣故。從今天起，我一定要好好自我反省、努力改正過來才是。」

從此以後，他每天很早起床工作，粗茶淡飯，關心百姓生活，任用有才幹的人，尊敬有品德的人。過了一年，有扈氏知道了，不但不敢再來侵犯，反而自動投降了。

最可怕的是從來不反省自己，就是自己有錯卻不承認，也意識不到。或者知道自己有過錯，卻不做改變。一個人很難得有自知之明，而知錯就改更是難得。

四、人是健忘的，會以你後來的表現給你評價

別人對我們的偏見往往是一時的，現在的真實表現還是可以扳回別人的印象。不需把人的誤解看得太嚴重，不論是自己犯錯或是不實流言，有朝一日都可以平反。只要腳踏實地，永續經營美德，做對的事，不久一定能贏回尊敬肯定。

聖經中記載許多偉大的人物都曾犯錯，例如：

・亞伯拉罕聽信妻子的點子，與下女同房生子，搞到家庭不安穩。也曾在埃及王覬覦妻子時為了自保避嫌，稱是自己的妹妹，差點失去老婆！後來他的生命信仰卻

被肯定為信心之父。

・大衛謀殺人夫，搶奪人妻，悔改後仍是以色列國盛世之君，著作詩篇千首。

・以利亞是為神所重用的先知，與敵人對峙勢不可檔，仍因惡皇后的威嚇，狼狽逃亡。當他恢復信心後，神仍然讓他活著升天！

・彼得曾因害怕被波及，三次不承認是耶穌弟子，後來仍成為早期教會重要使徒。

・多馬非得親見復活後的耶穌，摸探釘痕傷口處，否則不相信，被人稱之為「懷疑的多馬」。但後來卻是他越過重重天然障礙，將基督教傳到亞洲來。

・馬可跟隨宣教團隊居無定所，吃不了苦而落跑。後來成長改變後仍被上帝重用，寫下第一本耶穌生平記錄。

五、你的信譽將使別人不聽信謠言

雖然需要一些時日，一旦我們的形象受到一定的肯定，那認識我們的人就不會任意聽信謠言！即使他們聽到什麼話，也會來關心詢問證實，使你有機會做解釋，釐清誤會。當我們盼望別人是這樣信賴我們時，就應要求自己，以實力誠信服人，不是僅怪罪別人不信任，也不消極期待別人如此善待，不如自己做得讓人刮目相看，讓人尊敬。

我們總是兩手一攤：我沒辦法！

人的能力有強有弱，但再強也是有限！因此「沒辦法！」不知不覺會變成一些人的習慣用語！遇到一些較難處理的事，這意念會在腦裡跑出來，不自覺狀況下就會造成大腦思考關閉作用。當大腦接受到「沒辦法」這個意念的指令時，便會跳入習慣的作業流程，也就是不需再費腦筋，交給「不需思考處理」的部門，以致認定這是無法解決的問題。然而事實上事情還是有些改善空間，或可做些有幫助的事，卻常被我們這種思考習慣給「關掉」！以下有些提醒或許值得被注意；

一、不要執著於問題焦點，不妨看看周邊能否改善

焦點問題可能不是我一人可以改變，或者已是既成事實，時間無法倒轉重來，所在乎的重點若無解，人就難以釋懷！以至於其他尚可改善、發展的事情就都忽略，逐漸擴大虧損範圍。這是沒有設下停損點的智慧，造成「一步錯、步步錯」的遺憾。每個人是活在許多向度發展的情境裡，部分的不如意再怎麼重大，都不會是絕境，不要因小失大，也不要因大失更大！既然天無絕人之路，就多注意周圍還有什麼是可以做的？還

有什麼機會可珍惜把握的？轉移注意力在其他可做的事上，就有可能脫離困境。

有一個企業家，獨自坐在餐廳的角落裡喝著悶酒。一位熱心人看見就走上前去，問道：「先生您有什麼難解的問題，不妨說出來，讓我給您些建議吧！」

企業家看了他一眼，冷冷地說：「我的問題太多了，沒有人能幫我的忙。」

這位熱心人立刻掏出名片，要企業家隔天到他的辦公室去一趟。第二天，企業家果然前往，這位熱心人說：「走，我帶你去一個地方。」就用車子把企業家帶到郊外，二人下了車，熱心人指著前面的墳場對企業家說：「你看看吧，只有躺在這裡的人才統統是沒有問題的。」企業家聽完，才恍然大悟。

要記住這樣一句話：只要有問題，就有存活的希望。只要敢於正視問題，解決問題，就可以前進。

二、即使結果不盡如人意，過程也可成為有價值有意義！

人習慣以結果論成敗，以為事實是「沒辦法成功」！但失敗也可以是成功之母。最有價值的不見得是成敗的結果，而是成敗的過程因素。若沒有善加珍惜、了解達至成功的過程因素，成功也會變成失敗之母！但若在失敗中檢討其過程因素，就能像愛迪生發明燈泡時，在上千的失敗中累積成功的智慧。

耶穌帶出的門徒，雖然朝夕相處，經年累月，但當耶穌赴上十字架的路程時，這些門徒躲的躲、逃的逃，表現出耶穌實在是教育失敗，這些人簡直是烏合之眾，朽木難雕！但當門徒回轉後，卻能把耶穌所教導他們的福音傳到各處。因為過程中有種種重要因素，有價值而值得被肯定或記取教訓。如果輕易地讓這些寶貴的經驗忽略過去，那是十分浪費的事，因為這些都是消耗時間與生命的歷程。一旦明白過程中可以學習的功課，即使結果失敗，也就不會太過遺憾，因為即使付了代價也感到值得。

三、若有加分效果就值得一試

我們心中都存著期待理想完美的結果，一旦意識到這樣的結果不易達成，就往往失去動力，不願再做無謂的努力！事實上此時仍可做些事，雖然也許達不到理想的結果，但還是會有幫助，也就是會有加分效果。從這個角度看，我們不一定非得要達到理想不可，有改善，有進步，有加分效果，就值得去嘗試，去做。這樣想就容易許多，感到要做到有改善、有進步、有加分成效，就不是那麼困難，也比較有把握，較容易引起行動力與企圖心。不讓預設達不到想要的目的就放棄所能做的！

還在教會學校念書時，英文應該是著重的科目，但自己英文卻完全不行。當兵那幾年，因父親常勸勉英文能力很重要，有空要多讀。自己的單位是上班制，也蠻自由，上班前的時間可以自由運用，所以就收聽廣播學英文。本想在學校有老師教都學不會了，要自學如何能學會呢？不管，反正每天早上五點準時聽廣播，時常聽到打瞌睡，也不知有沒有效，一直以來都不會講、不敢講，也不知到底有沒有進步，只管每天清晨起來照著英文雜誌收聽廣播。直到幾年後有機會到國外念書時，才發現英文聽力還可以，能聽得懂，接下來的說、讀、寫就是水到渠成的事了。

原來那幾年懵懂中所花的時間並沒有白費，都累積每天所下的一點功夫，時間一到，就能看出平時所努力的成果。

四、對的人方法應該比不對的人還多

遇到難搞的人實在讓人沮喪，總覺得沒輒，沒辦法。好像「壞人」的招數特別多，好人就是只有挨打的份！戲劇的劇情常是如此，現實的遭遇也差不多！若是這樣，那也挺無奈的，而感覺上很像事實真是如此，讓我們傷腦筋的人總是魔高一丈！

上帝的辦法應該是很多的，祂是創意的主，所以辦法一定比撒但多。我們跟上帝一起合作的人也應該可以「有辦法」！不妨在自己心裡做這樣的練習，就是遇到麻煩的人或事時就試著想，難道真的沒辦法對付嗎？上帝的辦法一定很多，那我可以怎麼做呢？如果你是對的人、好的人，辦法若比不對的人、壞人少，那不就讓對方得逞，是非顛倒了嗎？所以不要太快認輸，用用頭腦或許還有翻轉改變情勢的機會。

人有盲點或不盡完全的意識型態在所難免，若能保持寬廣的心、自省的習慣、謙卑的態度，培養以不同角度看事情的態度，學習自我對話，都可以使自己的思考越加豐富有創意，跳出框框，改善狹隘盲思所引起的錯誤，為許多事情找到意外的出路。

第五章

符合聖經的溝通原則

愛神也愛人、做事勤奮的猶太青年馬勒古，從小就在聖殿中做僕役，長大後被拔擢為服侍大祭司的隨身侍者。他對於能在聖殿中服勤感到無上的榮譽和感恩，雖是平凡基層的雜務，也覺得是神聖寶貴的差役。一天大祭司該亞法吩咐他晚上要加班，不像往常下班即可回家。敬業的馬勒古遵照指示，留下來聽候差遣。夕陽西下時分，天色逐漸昏暗，一干人等陸續集結，手持火把群聚於該亞法宅第大院內，等待成員到齊，與祭司稍做商議後便示意出發。馬勒古不知勤務為何，只知緊隨大祭司，以便隨時在旁候喚。

這是罕見的任務，不但夜晚出勤，陣仗還不小，參與者個個面色凝重，如臨大敵般步伐匆匆，沉靜且急促地走出耶路撒冷街道，由路徑判斷應是朝往郊區橄欖山方向。馬勒古心中狐疑，此行看似出兵，又如捉拿匪徒，但為何趁夜行動？何須聚此群眾？什麼重要的事讓祭司在此夜間親自出馬？實在令人匪夷所思，只得靜默隨後觀看究竟！

耶穌的最後一件神蹟

果然，這群人馬不久即步入園中，月光下清楚可見園裡早已有人聚集。兩組人馬相會於此，只見兩造代表相互擁抱招呼一番，好似關係密切，氣氛卻又詭譎。大祭司該亞法箭步上前，年輕的馬勒古反應也很機靈，隨即跟上。此時月光正好從樹梢間傾洩而下，馬勒古一眼認出，那位正是時下眾人議論紛紛、但也多人追隨的耶穌。還未探明大夥來此用意，祭司已示意兩位手下捉拿耶穌。

突如其來的動作，頓時讓現場氣氛瀰漫緊張，馬勒古一時還不明就裡，杵在那兒不知該當作何反應。正當大家都還來不及做出下個動作的剎那間，站在耶穌旁的一位門徒已從腰間拔刀，護主心切，憤憤舉刀用力劈下！所幸月光映在刀面，反光劃閃而過彷彿事先警告危險，馬勒古雖不是練武之人，卻也本能地閃過來勢洶洶的殺氣。人頭是閃避了落地之殃，臉頰卻感到一陣刺痛，頓時鮮血直流，耳朵應聲被削下落地。這回現場目擊者可真都給嚇住了！彼得——現行犯，一代宗師耶穌諄諄教誨之第一大弟子——也為自己的衝動行為驚嚇不已，萬不曾想自己會衝動到如此地步。此時的馬勒古則腦筋一片空白，完全無法理解何以有此遭遇！

一代大師耶穌親自教出來的大弟子竟是這般魯莽暴戾之徒，不分好歹就拔刀砍人！據判彼得應是朝頭部攻擊，只因馬勒古及時閃身，才僅被削下耳朵！何來深仇大恨，竟要置人於死？師徒朝夕相處，即應耳濡日染，修身轉性，何來粗鄙莽動？教育之敗，不言可喻！對馬勒古而言想必打擊實在不小！「我與彼得何冤何仇？他為何不分青紅皂白就要置我死地？大師教主親自調教的大弟子尚且如此魯莽失德，如何說服人心跟隨其道，信其教誨？連最起碼的忍耐、尊重、善待他人都沒做到！……」

時間好似停格般，在場者全都僵住、不及反應的當下，耶穌已喝令弟子：「收刀入鞘吧！凡動刀的，必死在刀下。你想，我不能求我父現在為我差遣十二營多天使來嗎？我父所給我的那杯，我豈可不喝呢？」（約翰／若望福音 18:11，馬太／瑪竇福音 26:52、53）隨即彎腰撿起耳朵，放回馬勒古右耳所傷之處，彷彿幻術般，傷口瞬間癒合，毫無痕跡。這也是耶穌死前所行最後一件神蹟。

好人為什麼也會害好人？

常見的人害人，共有四種組合：

壞人害壞人；黑吃黑，狗咬狗，一嘴毛。最好讓他們自相殘殺，省得傷及無辜！

壞人害好人；戲劇最常見的老梗，即便如此，卻令人不平，天理難容，期遭報應。

好人害壞人；大快人心，鼓掌叫好，老天有眼，天公地道！

好人害好人；令人搖頭，最不應該，令人費解，最為遺憾！

彼得是好人！馬勒古是好人！都是好人……可是好人竟然傷害好人！既是害人，豈可稱為好人？如果我們仔細了解周遭人與人之間的傷害、對立、攻擊、勢不兩立的關係，會發現存在著難解的遺憾。其實往往雙方都是好人，並非惡意，卻是彼此敵對責怪，各有說詞，各具道理，但結局卻也常是兩敗俱傷！

聖經中有許多章節都一再提醒我們和睦的重要：

- 看哪，弟兄和睦同居是何等地善，何等地美！
  ——詩篇／聖詠集 133:1
- 你要細察那完全人，觀看那正直人，因為和平人有好結局。
  ——詩篇／聖詠集 37:37
- 要離惡行善，尋求和睦，一心追趕。
  ——詩篇／聖詠集 34:14
- 不要毀謗，不要爭競，總要和平，向眾人大顯溫柔。
  ——提多／弟鐸書 3:2
- 若是能行，總要盡力與眾人和睦。
  ——羅馬書 2:18
- 我們務要追求和睦的事與彼此建立德行的事。
  ——羅馬書 14:19
- 神召我們原是要我們和睦。
  ——哥林多／格林多前書 7:15
- 你們要追求與眾人和睦，並要追求聖潔；非聖潔沒有人能見主。
  ——希伯來書 12:14

和諧和睦向來是宗教信仰所最為推崇的核心價值之一，都盼望能在其宗教團體裡展現如此形象。就如耶穌即將受難前也對門徒們切切教誨：「我賜給你們一條新命令，乃是叫你們彼此相愛；我怎樣愛你們，你們也要怎樣相愛。你們若有彼此相愛的心，眾人因此就認出你們是我的門徒了。」（約翰／若望福音 13:34-35）

當時耶穌也為門徒們向上帝禱告說：「我不但為這些人祈求，也為那些因他們的話信我的人祈求，使他們都合而為一。正如你父在我裡面，我在你裡面，使他們也在我們裡面，叫世人可以信你差了我來。你所賜給我的榮耀，我已賜給他們，使他們合而為一，像我們合而為一。我在他們裡面，你在我裡面，使他們完完全全地合而為一，叫世人知道你差了我來，也知道你愛他們如同愛我一樣。」（約翰／若望福音 17:20-23）

可是大部分的團體，不論是宗教的、商業的、民間或官方，只要我們待上一陣，稍有深入了解，就會發現，其中常有人與人的問題！

讓三分，不見得風平浪靜

網路上流傳一則名人坐計程車的經驗所分享的反省文章，對人際問題挺有提醒：

有一位影劇界的朋友告訴我一個生活小插曲……

某次錄影她打電話叫了無線電計程車回家，下車時計費表上顯示的是一百八十元，她拿出兩百元給司機，司機默默的收了。以台北市的計費標準，表上加十五元等於車費，她稍微等了一下，以為司機會找五元給她，但司機一點動靜也沒有，她想，算了，才五元嘛，就拉開車門下車了。

關上車門的那一剎那，她才恍然想起自己是叫無線電車的，按規矩需再加叫車費十元，是她還欠司機五元才對。於是她又敲敲前車窗，趕緊把五元再遞給司機。司機冷冷的搖下前車窗來，說：「哼，虧妳想到了，不然我還以為，連妳這樣一個名人，也想貪我五塊錢的——小便宜！」

雖然誤會是化解了，但我這個朋友心裡老大不舒服，她說：「他為什麼不直接告訴我，我少給了他五元呢？」

在日常生活中微不足道的五元，給了我們一個啟示：是不是有些時候，我們像那個司機一樣，無聲忍耐著某個人的作為，而事實上，我們的沉默反而誤解那個無辜的人，讓他根本不知道哪裡得罪了你？你心裡因為這樣不舒服，他的名譽也因而受損。

為什麼你不說出口呢？很多類似這種「五塊錢」的問題，影響了我們的朋友情誼、愛情品質、人際關係，甚至人的情感……

婆婆嫌媳婦洗的碗不乾淨，怕變成壞婆婆，隱忍不說，自行把媳婦洗過的碗再洗一遍——媳婦當然老大不高興。覺得媳婦的菜不順口，硬把每餐攬來自己弄，背地裡又感到自己好委屈。辦公室亦然，你雖然喜歡助人，但因別人搞不清楚你「助人」的尺度為何，常做出你認為過分的要求，你默默做了，卻咬牙切齒在心裡，在別的同事面前對他表示不屑，也是常有的辦公室情事。

忍，不一定都是美德。除非你忍了就忘了，但有幾人能夠呢？我們想認虧了事，不願表達自己的看法，但在無意間，我們卻以成見傷害了彼此的關係，或無辜者的名譽。「不知者無罪」，如果對方並不知道他哪裡得罪你，你的忍耐，只會造成心理受損而已。忍耐人的時候，臉色通常很難好看，如果你忍耐的對象是自己很親密的人，他的情緒和你們的關係，一定受損得更厲害！

這篇文章引用一個非常生活化、平凡的小經驗來探討很實際的生活問題。在訓練課程中，我喜歡用這個例子來做為探討人際關係問題的開始。

很多時候後我們不習慣說，不會說，不知道可以說，或是我們認為說了沒用，說了會被誤會，怕會傷感情，會傷害對方，或怕關係破壞！這時候我們會想，最好的做法就是「忍耐」，因為這是大家都推崇的好品格，是任一個宗教修養所強調的品性之一。也正因為我們對人的問題不擅處理，所以忍下來最容易，這是自己可以做得到的。

然而，在我們以為「讓三分風平浪靜，退一步海闊天空」的時候，有些事情還是需要仔細再思！

一、錯誤需要正視：問題若存在，不管是人有錯或事情不對，沒提出來面對就可能繼續發生。有時忍耐會成為一種逃避的最佳藉口，也因為真正問題沒有解決，直到忍無可忍就有了爆發的理由！

二、累積錯誤更危險：問題若沒解決，會累積或衍生更嚴重的效應，終究擴大虧損，更難收拾。

三、犯錯者沒有進步：你若僅僅忍耐，對方仍不知自己過錯時，就不易自覺改善。失當的人可能變本加厲，無人制止。

四、誤會一場：倘或對方被誤會，不但你白白忍耐一場，也讓對方沒機會解釋而白受冤屈！

五、錯失了我們學習面對的機會：錯誤或問題發生原是給我們練習處理的機會，若因所謂「忍耐」而什麼都沒做，就無法提升自己處理事情的能力。周圍的人也不見正確的示範，大家都不懂如何面對才好。

六、虧損者可能繼續受損：對方的錯誤若造成你的虧損委屈，而又沒有被適當的制止糾正，很可能下次還會再犯，被虧負的一方也將繼續無奈承受。逐漸使人灰心，感覺沒有正義。

七、讓人誤解品格的價值：事情若沒有改善，忍到最後只徒然受苦委屈，這可能讓苦主懷疑忍耐的意義，否定、放棄忍耐的價值。

八、忍耐若僅是壓抑對身體有傷害：忍氣吞聲的時候若沒有健全的心志、成熟的思緒，往往就會形成壓力，製造焦慮，身體會產生大量自由基、破壞細胞與基因，使器官發炎，功能退化。所以在需要忍耐的時候得參考第三章「合神心意的思考」原則，就能調適思考與心情，才不致造成身心的虧損。

越熱心越受傷，越善良越虧損？

忍耐是必須的，這是人格修養的基本功夫，是社會和諧所需要的為人態度。只是我們誤以為忍耐就是忍氣吞聲，打不還手，罵不還口，不能、不需也不該再做什麼！也許這是過去的人造成我們的誤解，但其實不應如此。忍耐歸忍耐，問題還是應該面對，錯誤還是要指出，意見還是可以表明，德行才有可能改進，不但真正能使大事化小、小事化無，還能避免傷害擴大，在問題嚴重前就被止住。但話說回來，若要面對問題，藉由溝通表達時也有原則需要了解。本章提出一些符合聖經原則溝通應有的態度與提醒，並於第六章再討論聖經所提供溝通實際可行的步驟。

一天下午，一個女孩傷心地遙望她的氣球因不小心飛走，且纏掛在高大電桿末梢，無奈的抬頭哭泣。

這時，一個語言不相通的黑人走了過來，看著巨桿上掛著氣球，便決心幫助這個無助的小女孩。

他抱住電線杆，頂著烈日一寸一寸地往上爬。小女孩在下面注視著，這位黑人大哥果然為她把氣球給拿了下來。

一見氣球被拿回來，小女孩和黑人都笑了。女孩正要走上去拿，此時她媽媽正衝過來，一把抱起她，說了一聲：「玲玲，不許跟討厭的黑人講話，懂嗎？」

還一臉凶巴巴地瞪了黑人一眼，把他當作拐騙兒童的壞人一般。黑人雖聽不懂這位媽媽的語言，但從表情與謾罵的語氣還是聽出對他的歧視、不滿。也不等他解釋，小女孩就被媽媽抱走。此時小女孩哭得更厲害，而黑人只能無奈凝視這位母親把小女孩抱走。他隨後擰著氣球傷心地走回家，一進家門，將繫著線的氣球一放，瞬間飛到天花板，沒想到天花板已經有好幾個氣球，原來同樣的事情一再發生！可見這位黑人雖被誤解，還是繼續助人！

在許多團體中常見到一種現象：越熱心越受傷！越善良越虧損！越用心越無奈！好像熱心付出的就是同樣那些人，但認真做事的人也常遭來批評、埋怨、打壓，以致最後優質的人都不敵這樣削弱心志的環境，逐漸以「多一事不如少一事」、「不做不錯」的心態來應對！這樣的公司或團體必然維持不久，成員不能成長，反而受創！

對於這一點，聖經這麼鼓勵我們：「弟兄們，若有人偶然被過犯所勝，你們屬靈的人就當用溫柔的心把他挽回過來；又當自己小心，恐怕也被引誘。你們各人的重擔要互相擔當，如此，就完全了基督的律法。人若無有，自己還以為有（人若什麼都不是、卻自以為是），就是自欺了。各人應當察驗自己的行為；這樣，他所誇的就專在自己（引

以為榮），不在別人了，因為各人必擔當自己的擔子。」（加拉太／迦拉達書 6:1-5）

◆分歧誤解是正常的事

雖然人與人的分歧誤解不是好事，卻也不難理解。所謂一種米養百種人，原生家庭與個性不同、遭遇不同，個人的領受就會有所不同，以至於影響其判斷和作風！當我們相聚時，就得注意如何相處，誤會如何化解，犯錯如何對待，意外如何應付，以至於問題改善，每個人有成長，緣分帶來福分！

◆不可論斷

聖經的溝通原則中，提到最多的就是「不可論斷」！下面所列舉的有耶穌的勸勉，也有使徒保羅的再三提醒：

・你們不要論斷人、免得你們被論斷。因為你們怎樣論斷人、也必怎樣被論斷。你們用什麼量器量給人、也必用什麼量器量給你們。

——馬太／瑪竇福音 7:1-2

・你們不要論斷人，就不被論斷。你們不要定人的罪，就不被定罪。你們要饒恕人，就必蒙饒恕。

——路加福音 6:37

·你這論斷人的，無論你是誰也無可推諉，你在什麼事上論斷人，就在什麼事上定自己的罪．因你這論斷人的，自己所行卻和別人一樣。

——羅馬書 2:1

·你這人哪，你論斷行這樣事的人，自己所行的卻和別人一樣、你以為能逃脫神的審判麼？

——羅馬書 2:3

·你是誰，竟論斷別人的僕人呢？他或站住、或跌倒，自有他的主人在。而且他也必要站住，因為主能使他站住。

——羅馬書 14:4

·你這個人，為什麼論斷弟兄呢？又為什麼輕看弟兄呢？因我們都要站在上帝的臺前。

——羅馬書 14:10

·所以我們不可再彼此論斷，寧可定意誰也不給弟兄放下絆腳跌之物。

——羅馬書 14:13

·所以時候未到，什麼都不要論斷，只等主來，他要照出暗中的隱情、顯明人心的意念。那時各人要從神那裡得著稱讚。

——哥林多／格林多前書 4:5

·弟兄們，你們不可彼此批評。人若批評弟兄、論斷弟兄，就是批評律法、論斷律法。你若論斷律法，就不是遵行律法，乃是判斷人的。設立律法和判斷人的，只有一位，就是那能救人也能滅人的。你是誰，竟敢論斷別人呢？

——雅各／雅各伯書 4:11-12

大量的經文禁止我們批評、論斷、定罪別人。所以喜愛論斷的人就表示：

他沒有也不願遵照聖經教導：以上經文多處記載不可批評，所以明知故犯即是表明不願遵循聖經教導！

他虧欠被論斷的人：論人是非是重傷他人的行為，使對方在不知情下無法改進，也使別人對其產生負面印象。若是出於誤會，也讓當事人沒有解釋機會！

他能力不足：因為他無法改善問題，所以只能批評抱怨，也不敢當面溝通。

他不相信神掌權：若神掌權，我們則不需加以評論，我們儘管做對的事，上帝自會負責一切。

說人閒話會怎樣？「凡人所說的閒話，當審判的日子，必要句句供出來；因為要憑你的話定你為義，也要憑你的話定你有罪。」（馬太／瑪竇福音 12:36-37）

開口說好話呢？「一句話說得合宜，就如金蘋果在銀網子裡。」（箴言 25:11）、「口善應對，自覺喜樂；話合其時，何等美好。」（箴言 15:23）

我們的問題在於，遇到人犯錯時若不能批評論斷，就不知如何跟他說了！這可能是過去的教育中所沒有被訓練，也是長輩沒有正確示範之故。要糾正別人的錯或澄清誤會時，究竟該如何表達，要怎樣談，我們將於下一章來探討。

聖經溝通的十大原則

一、刺與梁木原理

「為什麼看見你弟兄眼中有刺，卻不想自己眼中有梁木呢？你自己眼中有梁木，怎能對你弟兄說『容我去掉你眼中的刺』呢？你這假冒為善的人！先去掉自己眼中的梁木，然後才能看得清楚，去掉你弟兄眼中的刺。」（馬太／瑪竇福音 7:3-5）道理雖然大家都懂，但也是幾乎最常犯的毛病，因此耶穌只好用較誇張也不失幽默的方式來形容愛挑別人錯誤、自己卻好不到哪裡的人。

父子二人看到一輛十分豪華的進口轎車。兒子不屑地對他的父親說：「坐這種車的人，肚子裡一定沒有學問！」父親則輕描淡寫地回答：「說這種話的人，口袋裡一定沒有錢！」

「人所行的，在自己眼中都看為正；惟有耶和華衡量人心。」（箴言 21:2）、「人一切所行的，在自己眼中看為清潔；惟有耶和華衡量人心。」（箴言 16:2）、「愚妄人所行的，在自己眼中看為正直；惟智慧人肯聽人的勸教。」（箴言 12:15）你對事情的看法，是不是也反映出你內心真正的態度？

我若能很快看出對方的問題，同樣別人也可能有這個本事！

宋代文人蘇東坡有一個相知甚篤、相互切磋的方外之交「佛印禪師」，但每次老是讓佛印禪師占盡上風，蘇東坡心裡總覺不是滋味，所以百般用心，想讓佛印下不了台。一天，兩人相對坐禪，蘇東坡一時心血來潮，問佛印禪師：「你看我現在禪坐的姿勢像什麼？」佛印禪師說：「像一尊佛。」蘇東坡聽了之後滿懷得意。

此時，佛印禪師反問蘇東坡：「那你看我的坐姿像個什麼？」蘇東坡毫不考慮地回答：「你看起來像一堆牛糞！」佛印禪師微微一笑，雙手合十表示謝意。

蘇東坡回家後，很得意地向妹妹炫耀，說：「今天總算占了佛印禪師的上風。」

蘇小妹聽完原委，卻不以為然地說：「哥哥！你今天輸得最慘！因為佛印禪師心中全是佛，所以看任何眾生皆是佛，而你心中盡是污穢不淨，把佛印禪師竟然看成牛糞，這不是輸得很慘嗎？」蘇東坡手拈一拈鬍子，黯然地同意蘇小妹的看法。

當我們在批評他人時，多數的聆聽者不會像蘇小妹一樣制止提醒我們，得靠自知之明。要有自覺與自我約束，不要縱容自己批評人的行為，以為這是小事無所謂！這會成為習慣而不自知，逐漸成為人格特質。沒有人喜歡跟愛道是非、說長道短的人做朋友。生活壓力已經夠多，再聽一些負面的論斷，就更加辛苦了！

「不虔敬的人用口敗壞鄰舍；義人卻因知識得救。」（箴言 11:9）、「遮掩人過的，尋求人愛；屢次挑錯的，離間密友。」（箴言 17:9）這兩段經文也提醒我們不要賣弄口舌、搬弄是非！

二、可以說，應該說，但不要堅持！

只要用意良善就都可以說，但不要用批評否定的方式或字眼。不用太在意對方是否把話聽進去，因為重點並非一定要別人聽你的，而是他需要得到足夠而正確的資訊，以及可供參考的建議。可能你所告知的是重要而正確的消息，是對方必須考量的提醒，你若閉口不說，便有責任。若說了對方沒有接受，他就得負責。

我們的想法常常是，若說了他不聽，我又為什麼要說？說了，他不接受，就是拒絕我的好意！就是不相信我，讓我難堪！其實我們不需這樣想，如果我們是出於善意而說，卻只因對方沒採納而氣憤，這番善意就被自己搞成惡意了！這也是我們驕傲所至，心若謙卑，就不會太在意人是否接受我們的想法。而主動告知，給予提醒、建議，也是呈現你為人的方式。是做好的示範，讓別人也可以這樣來待你。

另一個想法恐怕也會造成各持己見的局面，就是中國人所說的「擇善固執」。我們被教導要擇善固執，善若不堅持，就是妥協、放棄，就無法發揮善的功效，所以為善一定要堅持到底！這是沒錯，但如果你的善與對方的善看法不同時，你也堅持，他也堅持，麻煩就大了！雖然都各自有理，也都是好意，卻因自認為「擇善而固執」，就無法溝通，難以相處！雖然都是好人，卻無法團結合一！所以我常說：誰堅持，誰負責；大家都不堅持，上帝負責！讓當事人或受委託的負責人做最後決定，其他的人儘管將所看見、所想的給予提醒、建議即可。一旦對方做決定時，不論合不合你的意，都給予尊重、信任與支持。即使不合我們的意，但能保住關係就能保住下一次說服他的籌碼。

剛從神學院畢業時，被教會派到一所剛落成的小教堂。因為是新的建築，周圍院子尚未完成整地，凹凸不平需要填土整平。教會請了一卡車運土前來傾倒在院子中，分成三座小丘。長老索性要我用鋤頭耙平這三座小山的泥土，雖然嘗試建議請小推土機來，幾分鐘便能推平整地工程，畢竟我所受的教育不是來此做這番粗活！話雖如此，仍被告知為了節省經費，還是要求我以人工取代！

花了一個多星期每天勞動，手也起了水泡，終於把地給剷平。因為這番苦力與順服的表現，卻得到信任，往後幾年的共事能有良好和諧的合作關係！

在那個星期裡，每天一剷一鋤地埋頭無怨工作時，相信長輩自然看在眼裡，應該會自覺如此要求不甚恰當，但這番賣力的真正目的不僅在把地整平，更是把彼此的信任感與關係整平，讓人看出這位年輕人不是好逸惡勞之輩，未來的各種事務討論與執行，我所提出的建議就不致被認為懶惰，畢竟這番吃苦任務我都不推辭了，所以若將來有意見，長輩更願聆聽信任。這就像聖經中講的：「諸般勤勞都有益處；嘴上多言乃致窮乏。」（箴言 14:23）

如果你因為覺得自己對，就認為有堅持照你的意思去做的正當性，那麼請想想下列幾個可能發生的效應：

◎這樣可能會讓與你同工的夥伴認為，你的目的只是要大家聽你的，幫你做事。

◎他們的聲音可能不被你重視，他們只是如工具一般被利用！

◎勉為其難地照你的意思做，可能不帶熱忱，僅於表面照做，並非發自內心。不滿的評論還可能在背後議論，製造負面效應。

◎被指派的參與者對於結果不願負責，因為是照你意思而做，不是他們所認同的，所以認為事情的結果自然是你應該負責，不是他們！

◎如果沒有相當的約束力，願意再與你合作的人或幫你的人將會越來越少！

有時在次要的事上寧可採用別人的意見，雖然你可能認為那不是最聰明的做法。你還是可以表示你的想法，但也要強調你願意配合大家或當事人的決定。如此讓人感受你也願意接納、尊重別人的意見，肯成人之美。畢竟大家都有思考能力，事後就會證明誰的說法才對，誰的建議更好。如果你當初的建議才正確，沒關係，下次大家就更樂意聽你的，你是在為下次更重大的合作預備人的心。若事後證明別人的辦法也可行，那麼你沒有堅持才是聰明的做法。

三、每個人思考與講話的方式都有歷史成因，不只是這人的問題！

有的人說話或做事讓人難以置信，無法理解怎會有這種人？這往往有其歷史成因。若能追溯、了解原由，便不難理解這人的言行舉止，或許有助於諒解其不當作為！

大衛王曾因兒子背叛、密謀篡位而導致父子反目成仇，使大衛人生再度陷入危機與谷底之中！一次王與其隨從來到橄欖山東北邊的一個村莊巴戶琳。此時遇到一位不知死活的傢伙，極盡羞辱之能事地對王人身攻擊。我們來看看這故事的記載，並注意大衛王的反應：

大衛王到了巴戶琳，見有一個人出來，是掃羅族基拉的兒子，名叫示每。他一面走一面咒罵，又拿石頭砍大衛王和王的臣僕；眾民和勇士都在王的左右。示每咒罵說：你這流人血的壞人哪，去吧去吧！你流掃羅全家的血，接續他作王；耶和華把這罪歸在你身上，將這國交給你兒子押沙龍。現在你自取其禍，因為你是流人血的人。

洗魯雅的兒子亞比篩對王說：這死狗豈可咒罵我主我王呢？求你容我過去，割下他的頭來。王說：洗魯雅的兒子，我與你們有何關涉呢？他咒罵是因耶和華吩咐他說：你要咒罵大衛。如此，誰敢說你為什麼這樣行呢？大衛又對亞比篩和眾臣僕說：我親生的兒子尚且尋索我的性命，何況這便雅憫人呢？由他咒罵吧！因為這是耶和華吩咐他的。或者耶和華見我遭難，為我今日被這人咒罵，就施恩與我。於是大衛和跟隨他的人往前行走。示每在大衛對面山坡，一面行走一面咒罵，又拿石頭砍他，拿土揚他。

——撒母耳／撒慕爾記下 16:5-13

大衛身為一國之君，又在親身兒子不但要造反篡位，更要致父王於死的極度悲哀之際，前仇人掃羅的遺族士每此時出現的不當行為，實在是正好拿來洩憤的機會，但大衛王竟可以在此時按捺住情緒，同情這位滿心苦毒的年輕人，體諒其家道中落、處境潦倒的悲哀，任他放肆洩憤咒罵！甚至從中期待神憐憫自己狼狽堪憐的處境，而能拯救其脫離兒子押沙龍所加諸殺身之禍。

有時很難理解一些人的行徑，也實在令人困擾不可理喻！但其背後往往有所成因，若能了解，就不難給予寬容！這裡再分享一則網路故事：

記得有一次帶著學生搭捷運從台北到淡水，因為假日人多，很多人只好用站的。門邊的位子坐著一位長髮女孩微低著頭，清秀的臉龐，一襲淡綠色長洋裝，把夏日擁擠的捷運點綴得清涼十分。到了劍潭站有個阿婆背了兩大包東西上車，滿頭大汗東張西望找位子，就站在女孩面前，女孩抬頭看了阿婆一眼，旋即低頭玩弄手上的皮包帶子，似乎沒有讓位的意思。

於是我便故意轉身問學生：「在車上遇見老弱婦孺要怎樣？」學生馬上回答：「要讓座！」我一向認為機會教育是很有用的，於是便用眼角餘光瞄向她，發現她將手上的帶子順時鐘纏啊纏，又逆時鐘回復原狀，頭卻低得更低，但是還是沒讓位的跡象，像是作錯事的小孩被罵，只是低著頭，卻不肯道歉。

到了紅樹林站，女孩起身準備下車，這一幕讓我終身難忘。車門打開後，她跨出了右腳，左腳卻在離地後向外畫一個弧，才勉強跟上右腳，女孩沒有回頭，只是低著頭，努力讓左腳跟上右腳，對他的誤會，我卻只能用眼光道歉。很多時候，我們沒有辦法對每一個人說明理由、解釋情況，尤其是對不認識的人，所以可能被誤解，會遭譏笑。

真犯錯者的確需要有人勸阻，但眼見的錯誤是否真是犯錯？或是背後尚有令人同情的歷史成因？這些都提醒我們應當謙虛、寬容以對，倘若可以，最好多了解別人一些再下定論，若一時無法摸清狀況，則需自行約束，不要立下評斷。我們之所以會看低別人，恐怕都是由於拿自己的強項跟別人的弱項比較，才會產生自我感覺良好的自我觀。一味拿自己的弱項來比別人的強項也會帶來自卑的情緒，這一類的比較對照，都不是正確的評量方式。

四、好人都有好意，但表達方式大多沒被教導過，需要諒解！

一位老士官長常喜歡跟我們講一個說話藝術的笑話：

婚禮的喜宴上，賓客姍姍來遲，老丈人不耐的嘀咕：「該來的怎都還沒來！」話一說畢，在場的客人聽到很不高興（認為他們不是那「該來的」），立時三分之一的人憤而離席！老丈人一看，心急之下衝口說出：「不該走的，怎麼走了呢！」留下的賓客中聽了又不開心了，又走掉一半（因為這話讓他們覺得是屬於那該走的！）。此時老人家更焦急了，喃喃自語說：「我又不是說他們！」此話一說，所剩的三分之一賓客也相繼離開了（心想，若不是他們，那就是指我們喔！）。

所謂「說者無心，聽者有意」，人心是好是壞，是善是惡，其實從人類犯罪之後，善惡本性都存在。

聖經的人觀包括性善說，也包括性惡說。提到性善說的經文有：

・上帝就照著自己的形像造人，乃是照著他的形像造男造女。……上帝看著一切所造的都甚好。

——創世記 1:27、31

・耶穌說：「讓小孩子到我這裡來，不要禁止他們；因為在天國的，正是這樣的人。」

——馬太／瑪竇福音 19:14

・我所找到的只有一件，就是上帝造人原是正直，但他們尋出許多巧計。

——傳道書／訓道篇 7:29

提到性惡說的經文則有：

・人心比萬物都詭詐，壞到極處，誰能識透呢？

——耶利米書／耶肋米亞 17:9

・耶穌對他說：「你為什麼稱我是良善的？除了上帝一位之外，再沒有良善的。」

——路加福音 18:19

・時常行善而不犯罪的義人，世上實在沒有。

——傳道書／訓道篇 7:20

既然人性善惡互見，為善為惡則在於境遇及個人選擇。當人不斷遭遇傷害、委屈、不幸，就容易招架不住，激發出惡性來。所以我們若能營造優質而有建設性的環境，使人性善面經常發揮作用，性惡面沒有機會發作，就能扭轉這個人，貢獻其優點強項，進而改變這裡的環境。

我們若能正面看待一些人的問題，就會知道多數時候人是出於好意，不是故意要傷人，但因為疏忽、無知，或不曾被教導如何以適當方式表達、溝通，因此造成不必要的誤會遺憾。

另一個原因是每個人都有求生存的本能，面對事情時常會啟動自保機制，就是以自己生存的好處來考量言行表現，以致造成別人的困擾氣憤。

受傷的人呢，直覺反應就是把「不當的言行」與「言行者」劃成等號。一般我們也以言行表現看待一個人，對錯、好壞、表達優劣等說話與行為的表現，也就是這個人的對錯好壞優劣！我們周圍多數的人都還算是好人，只是講話做事未必妥善，有待改進，需要有人及環境來造就他。

當我們用平常心看待這些表現不甚妥當的人時，自己就比較不易受傷難過，而且有機會跟對方談論時也較不會引起情緒，造成二度傷害。

上帝計畫拯救以色列人脫離在在埃及為奴的水深火熱境地，有一天出現在摩西面前，差派他前往擔任重責。以牧羊為生的摩西頗為惶恐，他便對耶和華說：「主啊，我素日不是能言的人，就是從你對僕人說話以後，也是這樣。我本是拙口笨舌的。」耶和華對他說：「誰造人的口呢？誰使人口啞、耳聾、目明、眼瞎呢？豈不是我——耶和華嗎？現在去吧，我必賜你口才，指教你所當說的話。」（出埃及記／出谷紀 4:10-12）

由此可知，說話的確需要學習，也十分值得學習，不僅為自己的好處，更是為了提升大家的人際關係品質。

五、反應不要太快！

立即反應眼前發生的一些事情，可以說是我們的本能。有時在此剎那，發生的事件會啟動過去的某經驗記憶，就即刻產生意識形態的反應。由於對狀況的了解資訊不夠完整，判斷就有可能不正確、不周到，所表現出來的反應自然就容易錯誤。

張三在山間小路開車，正當他悠哉地欣賞美麗風景時，突然迎面開來的貨車司機搖下窗戶大喊一聲：「豬！」張三興致大消，一聽便大怒，也搖下車窗大罵：「你才是豬！」剛罵完，他便迎頭撞上一群過馬路的豬。

不要錯誤地詮釋別人的好意，那只會讓自己吃虧，並且使別人受辱。

某公司老闆巡視工廠，發現有個人坐在地上看小說。

老闆最痛恨工人在工作時間偷懶，便問：你一個月的月薪多少？

工人回答：三萬。老闆立刻叫秘書發給工人三萬塊，並且對著工人大叫：拿了錢給我滾！

事後老闆問其他職員：那工人是哪個部門的？

職員說：他不是我們公司的人，他是其他公司派來送貨的。

回想過去時，我們都會發現自己多少犯過誤判情勢的錯，不論是對人或對事，切勿反應過度、過急，小不忍則亂大謀。聖經中有很多篇幅也這樣提醒我們：

・心無知識的，乃為不善；腳步急快的，難免犯罪。

——箴言 19:2

・殷勤籌劃的，足致豐裕；行事急躁的，都必缺乏。

——箴言 21:5

・你見言語急躁的人嗎？愚昧人比他更有指望。

——箴言 29:20

・你不要心裡急躁惱怒，因為惱怒存在愚昧人的懷中。

——傳道書／訓道篇 7:9

・我親愛的弟兄們，這是你們所知道的。但你們各人要快快地聽，慢慢地說，慢慢地動怒。

——雅各／雅各伯書 1:19

倒不是每件事情都要慢慢來，讓自己變得反應遲鈍！有些事情的確需要反應快，因為若不在第一時間即時反應，可能帶來損害！如何分辨？怎樣反應？箇中拿捏有時很巧妙！

◎所謂反應不要太快，是指在你眼中別人的不當，不要評論太快、生氣太快、受傷太快！事情沒有全盤了解前，太衝動的反應常造成自己或別人的傷害！

◎若無關嚴重虧損，可先聽其言、觀其行。若有疑惑或擔憂，可詢問、提醒，而非立即否定或責怪。

◎看見可疑的前兆必須主動確認，若疑慮屬實，則要立時採取行動或警戒，以避免擴大損害！

淡定，沉得住氣，耐心等候，蓄勢待發！這些特質將會累積影響力，帶給人祝福。

六、每個人有他的自由權，雖然我不贊同，但我尊重他有權表達他的看法

有民主思想的人都知道、也同意這個道理，而民主的素養就是聖經的精神。很多人以為聖經，特別是舊約，非常具有「神權」的主導色彩。神掌權的確是原本上帝所計畫為人而負起責任的措施，但這一點卻可以被人的拒絕所推翻。也就是說，神如何帶領人一生的計畫仍需要我們自己決定接受與否，人有自由意識，自己可以決定，也要為所選擇的負責。

聖經舊約中以色列人原本沒有王，是由上帝所選擇的領袖（稱作「士師」Judge）來領導，許多事也由領袖與神討論。最後一任士師撒母耳年老時，兒子無法帶領大眾，以色列人代表便來找這位老士師，要求設立王權制度，當時的情況是這樣：

以色列的長老都聚集，來到拉瑪見撒母耳，對他說：「你年紀老邁了，你兒子不行你的道。現在求你為我們立一個王治理我們，像列國一樣。」撒母耳不喜悅他們說「立

一個王治理我們」，他就禱告耶和華。

耶和華對撒母耳說：「百姓向你說的一切話，你只管依從；因為他們不是厭棄你，乃是厭棄我，不要我作他們的王。自從我領他們出埃及到如今，他們常常離棄我，事奉別神。現在他們向你所行的，是照他們素來所行的。故此你要依從他們的話，只是當警戒他們，告訴他們將來那王怎樣管轄他們。」

——撒母耳／撒慕爾記上 8:4-9

以色列人要求有自己的王，相對的不想讓上帝掌管他們，神也先警告過他們會有什麼後果，雖是如此，上帝尚且順著民意，因此我們沒理由要求別人只聽我們的。

當別人講他的意見時，只是因為他有權說話，不論對方資深、年長、強勢與否，我們都得當成他是在表達自己的想法，我們願意聆聽，但不代表他就是對，也不一定非要照他的話去做，既然安排有人負責，誰都可提意見想法，但應該由被委任者做最後決定，大家也該授權信任，當事人則應為自己的權責負責任。

一切背後的閒話批評都應該被制止，優質的人際關係文化才有可能營造起來。英國作家霍爾（Evelyn Beatrice Hall，1868-1919）這麼說：「我不同意你的說法，但我誓死捍衛你說話的權利。」

七、受評論時若感到生氣、不平、委屈，即是警訊

這是一項最需要逆向思考的重點。遇到被批評、誤會、不平的對待時，實在教人難以忍受！我們的情緒、甚至生活都會因此深受影響，對那傷害我們的人懷怨，對遭遇不平而心懷苦毒。整個思考深深被令人難過的事給淹沒、糾纏，繼續消磨自己的生命力，無法釋懷！不平的事或人的不當對待，不但不會因為你的愁煩而自動改善，要是沒能有效解決，只有繼續消耗自己！

這或許是我們常發生的內在效應，但每逢此時就要有跳脫這種無功能思維方式的自覺。我們可以自問，為什麼遇到這樣的事我會如此生氣？既然錯不在我，為何我要如此受傷委屈？別人這樣說並非事實，所以是他們的錯，但我為何會因別人的不當而這樣難過？我希望自己是這樣受人的錯而影響嗎？我若沒有做錯，為什麼要因人的誤解、事情的不順就放棄應有的原則，而懷疑、甚至否定自己的正確態度呢？

負面情緒的波動往往是內在警訊的提醒，氣憤、不安、不舒服感等都會顯露深層的傷口。但既然已被一些不愉快的事所激發出來，就有醫治傷口的機會。若能敏銳地分析細查，不難找到自己的癥結點：可能是為了求得認同感而十分在意別人對自己的看法，也可能是缺乏自信而造成對別人的眼光過度敏感，又可能是以往自尊受過傷害而過度自

我保護的反應等。

高度自覺是高智商人類才有的能力，這種自我觀察、自我調整的自省能力需要靠修為精神才能發揮。表面上我們似乎遭遇不愉快的經驗，實際上可以被用來做為自我療癒的機會，化傷害為祝福，化悲憤為力量。就像聖經中所說：「不輕易發怒的，大有聰明；性情暴躁的，大顯愚妄。」（箴言 14:29）、「我的心哪，你為何憂悶？為何在我裡面煩躁？應當仰望上帝，因他笑臉幫助我；我還要稱讚他。」（詩篇／聖詠集 42:5）

八、不妨承認自己原本比批評的更糟，所以需要這個環境來操練

受到批評、羞辱總讓人難忍氣憤、自尊心受損，自我防衛系統即刻啟動，否認缺失，反擊對方也有錯誤不當。如此敏感關係常造成雙方對立，甚至兩敗俱傷！

從另一個角度來看，如果能謙卑承認自己的確也有待加強，而不是一味維護自己的面子尊嚴，同意自己並不完美、目前還在改進中，就不會產生這麼強烈反彈的感受。

使徒保羅是個學習謙卑的人，知道自己不完美，別人的中傷就不會成為他放棄努力與沮喪憤恨的理由。在聖經中，他多次以謙卑的心這麼形容自己：

．在罪人中我是個罪魁。然而，我蒙了憐憫，是因耶穌基督要在我這罪魁身上顯明祂一切的忍耐，給後來信祂得永生的人作榜樣。——提摩太／弟茂德前書 1:15-16

．祂（上帝）對我說：「我的恩典夠你用的，因為我的能力是在人的軟弱上顯得完全。」所以，我更喜歡誇自己的軟弱，好叫基督的能力覆庇我。

——哥林多／格林多後書 12:9

．我為基督的緣故，就以軟弱、凌辱、急難、逼迫、困苦為可喜樂的；因我什麼時候軟弱，什麼時候就剛強了。

——哥林多／格林多後書 12:10

．只要存心謙卑，各人看別人比自己強。

——腓立比／斐理伯書 2:3

在第一項「刺與梁木原理」中，雖然提到人容易看見別人的問題，而疏忽自己比別人更嚴重。但另一方面，我們自己也心知肚明曾經犯過的錯誤，可能知道者不多，或是沒人知道。就自己的過錯部分，只有自己知道應該謙卑，自己並無可誇之處，只是別人可能不知道，既然錯誤被隱藏，就自覺有被尊重看重的正當性，一旦受到別人的批評，就深感無辜，難忍氣憤。其實有些時候，自己內在的問題，恐怕比對方的批評更為嚴重！謙卑的功課特別是在被批評、被誤解時更能熬煉出來。

九、上帝容許我面臨被批評的處境，藉此訓練我成長老練

我們並不一定需要孟子所說的「天將降大任於斯人也，必先苦其心志，勞其筋骨，餓其體膚，空乏其身，行拂亂其所為，所以動心忍性，增益其所不能。」其實在一切都順遂平凡的日子裡，也就是沒什麼大風大浪、戲劇化大起大落的日子裡，最能熬煉一個人心志的，就是遭受批評、不公的論斷、不實的指控、不被尊重的對待等。這種境遇，最能培養出謙卑、沉穩、自信等重要品德。

若我們對於所做的事有信心，知道是對的、有價值的，是出於正確的態度，值得持續，就當肯定自己，不要因人的不同意見、誤解、曲解、中傷而作罷！

西元前五世紀時，波斯王朝亞達薛西王同意他的酒政官員——以色列人以斯拉——回國重建耶路撒冷。以斯拉滿懷重建家園的民族精神，激發同胞奮發投入建設大業。好不容易讓大多數人同心協力、克服萬難之際，卻有一班人不斷攔阻：

參巴拉第五次打發僕人來見我，手裡拿著未封的信，信上寫著說：「外邦人中有風聲，迦施慕也說，你和猶大人謀反，修造城牆，你要作他們的王；你又派先知在耶路撒冷指著你宣講，說在猶大有王。現在這話必傳與王知；所以請你來，與我們彼此商議。」

我就差遣人去見他，說：「你所說的這事，一概沒有，是你心裡揑造的。」

他們都要使我們懼怕，意思說，他們的手必軟弱，以致工作不能成就。上帝啊，求你堅固我的手。

我到了……瑪雅家裡；那時，他閉門不出。他說：「我們不如在神的殿裡會面，將殿門關鎖；因為他們要來殺你，就是夜裡來殺你。」我說：「像我這樣的人豈要逃跑呢？像我這樣的人豈能進入殿裡保全生命呢？我不進去！」我看明上帝沒有差遣他，是他自己說這話攻擊我，是多比雅和參巴拉賄買了他。賄買他的緣故，是要叫我懼怕，依從他犯罪，他們好傳揚惡言毀謗我。

以祿月二十五日，城牆修完了，共修了五十二天。我們一切仇敵、四圍的外邦人聽見了便懼怕，愁眉不展；因為見這工作完成是出乎我們的上帝。

——尼希米記／厄斯德拉下 6:19

參巴拉領導一些人專對尼希米率領以色列人重建家園一事加以毀謗打擊。但做對事的人並不讓惡者得逞，持續做正確的事。或許人言可畏，但我們若做對的事，且已付出代價在進行中，就不要被那些沒有付出的人認意的攻擊而放棄理想。

十、別人對我的印象與溝通方式是我在主導的，但這需要花時間

信不信由你：很多時候別人如何對你是由你在主導的！那些對我們不禮貌、不尊重的人，常令人感到無奈，所以我們會覺得人太難掌握，遇到這些人令人感到壓力很大，覺得運氣也真不好！

對於長期相處的人，我們仍然扮演著相當的主導權，即使不是每個人都能接受我們的影響，但別人與我們互動的態度、方式，都會因為我們的為人、回應方式而產生相互影響。

所謂「伸手不打笑臉人」，我們除了必須保持尊重別人的態度，和顏悅色，常保微笑，沉穩內斂，若遇對方無理取鬧時，還要能沉著應對，訴諸以理，神態自若而堅定，給與台階卻不退縮。漸漸地，別人就會被你訓練得改變與你互動的方式。

經過一番時日後，大家不知不覺會配合你的方式來和你相處，因為他們已經都知道，你不會被毀謗擊倒，不隨挑釁起舞，再蠻橫的口氣也動搖不了你沉穩的舉止，彷彿泰山崩於前而色不變！只有尊重彼此，以誠懇的態度理性溝通，中肯的表達才能有效達到互通的目的。

「所以，無論何事，你們願意人怎樣待你們，你們也要怎樣待人，因為這就是律法

和先知的道理。」（馬太／瑪竇福音 7:12）耶穌所說的這句話，比孔子的「己所不欲勿施於人」來得更積極：我們希望別人如何待我們，就先要示範給他看，也就是先善待他，讓他知道他也可以這樣對待你！

以上這些原則不但符合聖經的教誨，也是普遍可接受、可運用的原則。生活就是道場，發生的事就是練習題，讓我們從中學習正確的態度與思考方式，也就是先正心修身再談言行處事。幾經內在與外在的揣摩、內化，逐漸成為行事風格，利己利人的修為才能漸漸養成。回想過去經驗中，有哪些事符合應用這些原則的條件？如果是你曾做對的事就加強認定，未來也要繼續這樣做。若有些事明顯做錯了，則可以檢討錯處，想想用什麼方式面對會更好。

這些原則，比你過去所研習的各樣專業課程更加值得用心學習，因為它們可以降低生活中虧損的因子，收集、累積祝福加分的因素，假以時日便能發揮大用，讓你一路走來心中充滿感恩！

第六章

重建挽回犯錯者的步驟

人非聖賢，孰能無過！除了忍耐、包容、原諒、仁慈以對，還得有些改善狀況的法子，問題才不至於更嚴重，損害不會繼續，關係也不會更惡化。對於犯錯者我們可以做的事，聖經中倒是給我們一些指引，可供參考。遵循這些做法，將對改善或解決問題十分有幫助，即使不是每次立即有效，但總會有加分效果。只要持續做對的事，將來就會有勝算。

重建挽回步驟

有些犯錯者特別令人討厭，尤其是出自人格問題又造成別人虧損的過錯，更令人難以忍受。私心重、貪小便宜、喜歡散播是非八卦、疑心病重、好大喜功、愛面子、粗心、投機取巧、沒擔當、逃避責任、強勢不講理、不誠實、壞脾氣……，跟這些人相處或共事，都很辛苦、很累、很無奈、很討厭！要是還必須長久相處，更讓人傷透腦筋！

面對這種人時，往往講也講過、罵也罵過，卻總是不見改善。傷了和氣，壞了感情，問題還在！但不理、不管，也不是辦法，拖到後來，忍到最後，問題爆發出來，狀況更是經常嚴重到不可收拾！

「若有人偶然被過犯所勝，你們屬靈的人，就當用溫柔的心，把他挽回過來。又當自己小心，恐怕也被引誘。」（加拉太／迦拉達書 6:1）從聖經的觀點來看，面對軟弱、犯錯的人，我們不應定他的罪，也不是遠離他或讓他離開，而是找機會造就、重建，挽回對方。這是上帝讓我們在一起生活共事原本的心意，也是緣分所在的目的之一。不是上輩子誰欠誰，也不是因果循環的下場，而是一份彼此祝福的禮物，提供彼此成長的機會。有些人進度較快，有些人則需要經歷更長時間、遇到更多對的人才會有所進步。

以下，就從聖經中列舉幾項帶領人改進的溝通步驟原則，以供參考。

步驟一、先自省是否曾虧欠對方

正如一句俗諺：「要刮別人鬍子前，先把自己的鬍子刮乾淨！」看見別人有錯，先別急著糾正，要先反省：

1. 自己是否曾虧欠過對方：別人會記得我們對他的傷害。傷害別人時我們常常不自知，就算知道也忘得快。若對方心中仍懷記著我對他的傷害，那麼我給與他的忠告效果就不大了。畢竟要談的是他的缺點，必然會引起防禦心理，讓他立即想起過去的受傷經驗，用來拒絕此時我們給予的勸告，如此效果必然不佳。

2. 自己是不是好榜樣：人人都該彼此提醒勸告，也許我們在此事項上沒有他所犯的毛病，所以給予勸說，然而我們在別的事上卻可能不是好榜樣。若是如此，便會降低對方受教改正的意願。因為他會覺得我們在別的事上也不見得做得有多好，憑什麼講他？如俚語所說：「龜笑鱉沒尾」、「五十步笑百步」，也就是他半斤、你也才八兩！

倘若我們的確有以上的問題，就不是糾正別人的最佳人選，容易引起防衛心理甚至反擊，造成不愉快的溝通經驗。對此，聖經中耶穌提供一個建議：「所以你在祭壇上獻禮物的時候，若想起弟兄向你懷怨，就把禮物留在壇前，先去同弟兄和好，然後來獻禮物。」（馬太／瑪竇福音 5:23-24）

解決方法就是先與對方和好，也就是先建立好關係；關係恢復了，你說的話才會有效。若之前有虧欠對方之處，就先道歉；若自己不是好榜樣，也要先自我要求改善，彼此造就才有可能成立。

3. 規勸別人的動機如何：這是造就對方最重要的一環。很多時候我們說話是因為「看不下去」、「受不了對方」、「一定要讓他知道他的行為多麼愚蠢！」這些都不是對的動機，也無法造就對方。若動機不在幫助對方，而是只想宣洩怒氣一番、給對方難堪，就是讓撒但有機可趁，會帶來更大的後遺症！所以聖經教導的動機得在願意為對方好，希望重建、挽回對方的態度下，才可表達溝通之意！有一個很簡單的原則，是我們可以銘記在心的：「惟用愛心說誠實話。」（以弗所／厄弗所書 4:15）

這句話提到造就性的溝通具備兩個重點：愛心（原文 agape，無條件之愛）與誠實（原文 aletheuo，真理之意）。由此也可列舉四種表達情境：

◎沒愛心說謊話：中傷，陷害，惡意抹黑

◎沒愛心說實話：宣洩，指責，抹殺對方信心

◎用愛心說謊話：奉承，虛偽，誤導，使人自滿驕傲

◎用愛心說實話：真誠勸勉，造就對方，帶有鼓勵效果

出於 agape 的溝通是不帶勉強要求，不是要對方非聽你的不可。誠實話 aletheuo 是盡可能說真理，不是只說你心裡的實話。也許此時的你正在氣頭上，實話反而傷人；或是看不慣對方的作風，實話成了責怪的話；這些也都是沒有愛心的話，無法達到造就的效果，容易引起對方的自我保護機制！

有時我們不想造成困擾，怕麻煩，不想得罪人，所以只肯讓自己說些禮貌性的客套

話，但其實已心生不滿，不知不覺會累積敵意，這對彼此都不好。不如坦承自己的感受，也同時給予善意的建議，讓他知道我們不在背後批評，有意見會直接與當事人談，若是誤會，他一定有機會解釋。相信這樣做較不會造成未來更大的困擾。

4.可以在心中為他禱告：任何一個相信有神的宗教，都可為犯錯者禱告。這樣的做法會使你自己更能理性處理，帶著謙卑柔軟的心面對，以憐憫仁慈的方式溝通。聖經給我們幾個建議：「豈可以惡報善呢？他們竟挖坑要害我的性命！求你記念我怎樣站在你面前為他們代求，要使你的忿怒向他們轉消。」（耶利米書／耶肋米亞 18:20）、「所以你們要彼此認罪，互相代求，使你們可以得醫治。義人祈禱所發的力量是大有功效的。」（雅各／雅各伯書 5:16）美國宗教作家懷愛倫（Ellen Gould White）在《評閱宣報》寫道：「要謹記，責備的成效大部分都要靠賴責備時的態度。不可忽略做誠懇的禱告，好使你們具有謙卑的心，也使上帝的天使可以在那些你們打算去接觸的人心中運行，叫他們因感受上天來的影響得以軟化，叫你們的努力奏效。」

在此，我們要特別提到人際溝通中常犯的毛病，也就是對幫助人改進沒有益處的說話習慣，若能改善，祝福才可能臨到！

一般來說，我們有幾個沒有益處的說話習慣：

◆講給不相干的第三者聽就是論斷閒話

「你與鄰舍爭訟，要與他一人辯論。不可洩漏人的密事。」（箴言 25:9）我們往往不敢、也不知如何對當事人說的話，在背後跟別人說卻很容易，但這對當事人、對事情一點幫助也沒，反而造成諸多沒料到的後遺症！

◆誇大嚴重性

不管是善意或是無意，為了讓對方注意你所給予的告誡，我們常會誇大事情的嚴重性，用最強烈的措詞指責錯誤，以嚴厲的字眼形容讓我們感到不滿的事件。我們可能曾經受到別人如此對待，也可能如此對待過別人！

摩西帶領以色列百姓進入迦南地之前，派遣十二位探子先進去了解當地情勢。其中十位探子誇張地形容該地如何不宜進入：「探子中有人論到所窺探之地，向以色列人報惡信，說：『我們所窺探、經過之地是吞吃居民之地，我們在那裡所看見的人民都身量高大。我們在那裡看見亞衲族人，就是偉人；他們是偉人的後裔。據我們看，自己就如蚱蜢一樣；據他們看，我們也是如此。』」（民數記／戶籍紀 13:32-33）

雖然其中迦勒和約書亞兩位探子講正面鼓勵的話，但眾百姓選擇受十位探子誇張負面說法的影響，群起起鬨抱怨，導致以色列人在曠野流浪了四十年。

可是話說回來，有些善意的警告倒是比誇張式的表達更能達到提醒效果，這在耶穌的教導裡也提起過：「凡使這信我的一個小子跌倒的，倒不如把大磨石拴在這人的頸項上，沉在深海裡。這世界有禍了，因為將人絆倒；絆倒人的事是免不了的，但那絆倒人的有禍了！倘若你一隻手，或是一隻腳，叫你跌倒，就砍下來丟掉。你缺一隻手，或是一隻腳，進入永生，強如有兩手兩腳被丟在永火裡。倘若你一隻眼叫你跌倒，就把它剜出來丟掉。你只有一隻眼進入永生，強如有兩隻眼被丟在地獄的火裡。」（馬太／瑪竇福音 18:6-9）

勸導人的時候，誇張的表達的確較容易引起注意，達到提醒的效果，只是不要誇張到讓人懷疑真實性，也不要過於頻繁到讓人麻痺，因為這些都會有反效果！但凡是不實的，用來誤導、打擊別人，使人偏離正路的誇大式表達，都算是打妄語、犯口業，是言語上的罪，是要予以控制的。以下都是聖經中關於此點的描述：

・我曾說：我要謹慎我的言行，免得我舌頭犯罪；惡人在我面前的時候，我要用嚼環勒住我的口。

——詩篇／聖詠集 39:1

．若有人自以為虔誠，卻不勒住他的舌頭，反欺哄自己的心，這人的虔誠是虛的。

——雅各／雅各伯書 1:26

．原來我們在許多事上都有過失；若有人在話語上沒有過失，他就是完全人，也能勒住自己的全身。

——雅各／雅各伯書 3:2

◆抱怨批評的負面表達習慣

抱怨、發牢騷往往是因為不順利、遇見麻煩。人為的不當，經常使我們忍不住抱怨幾句！別人如此，所以自己也不例外，反正人之常情，不需太苛責。抱怨雖然不是什麼罪大惡極，但不知不覺中的損失，往往是我們所不知的。

習慣抱怨的不良效應

抱怨會影響人際關係：現代人常面臨的壓力已經夠多了，聽抱怨的負面聲音往往增加壓力源，讓人聽久了很累，心情也受影響。正面積極的話語能帶給人鼓勵、產生舒壓作用，就能吸引人的喜歡，而消極埋怨者也只能物以類聚，平添無奈！

抱怨讓人覺得無能：有能力的人會想辦法改善問題，找出出路，尋求機會。只會抱怨的人給人的印象則是：怨天尤人，沒有看見自己的責任，也是缺乏擔當與能力的人。《哈佛商業評論》中「逆境商數」發想者史多茲（Paul Stoltz），針對五十三國、超過一千個公司員工進行調查，發現70％至90％的人對逆境無能為力，只有10％至30％的人能管理逆境、正面思考，只有5％的人能掌握逆境、化挫折為動力，獲致成功（以上摘自《商業週刊》二〇一〇年二月，1187期）。

愛抱怨讓人感到能力不佳，會逐漸失去別人的信任感，有好機會也不想找這種人，無形中失去許多機會與可能性都不自知！

抱怨出於自卑與驕傲：習慣抱怨表示不相信自己能做什麼改變，只能無奈地表示不滿。另一方面也可能是一種自負驕傲，看不慣事，瞧不起人，所以盡是挑毛病，藉由批評、抱怨突顯別人的不如缺失，也隱藏自己的不足。

抱怨會傳染：除了物以類聚原理外，抱怨也具傳染性，近朱者赤，近墨者黑。與人相互間也造成增強作用，不斷強化論斷、偏見，無法客觀公正看待事情。

有句話形容人的抱怨：「抱怨好像口臭，當它從別人的口裡吐露時，我們就會注意到，但從自己的口中發出時，我們卻充耳不聞！」聖經也提醒我們：「因為心裡所充滿的，口裡就說出來。善人從他心裡所存的善，就發出善來；惡人從他心裡所存的惡，就發出惡來。」（馬太／瑪竇福音 12:34-35）

抱怨會成習慣：抱怨心態使人把錯誤與責任怪罪別人，推卸給不關己的運氣、他人的問題等，讓自己可以暫時逃避責任，不需面對壓力困擾，感覺比較愉快舒服，逐漸養成愛埋怨習慣。

步驟二、等候時機，個別告知

聖經說：「不先商議，所謀無效；謀士眾多，所謀乃成。」、「口善應對，自覺喜樂；話合其時，何等美好。」（箴言 15:22-23）看見周圍的人有過錯，我們應該主動告知，以免過錯更加嚴重，使虧損傷害更大。但若在自己不應該介入的範圍評估這人或這事，或不甚願意主動提出時，也可在心裡先做禱告。如有談話機會，你願意給予告知，並隨時預備好自己。若無機會，則可保持緘默等候。

一個年輕人找我做他實習工作的推薦人，我就當舉手之勞地答應了，他也好意送了罐茶葉答謝，雖我不喝茶，卻也不好婉拒。隔天，內人習慣性地拿起來看看有效日期，發現這茶葉已過期了，隨即告訴我，我也確認，按其所印的時間，的確是過期了一段日子。我便說，應該告訴這個年輕人！內人覺得會讓對方感到尷尬吧，但我的解釋是；這個孩子還年輕，未來生涯還有許多送禮的機會，若我不說，恐怕他還會不小心再犯，嚴重性就難料。我若說了，也許一時感覺不好意思，卻避免了未來再犯的可能。後來在他來電感謝我協助完成實習工作的申請時，我客氣的提了這件事，並讓他了解我告知的用意。他也好禮的再補送一份，雖不是我的本意，但也算是接受了年輕人的歉意。

至於應該等候時機再告知，抑或主動提出建言，可自行評估何者為適當，畢竟這種事不能一概而論，得視情況判斷。有些事情主動關心就可避免錯誤擴大，但也的確不是每項問題都適合自己插手。

再者，談及過失時應先私下提起，切忌當著人前責備，給與難堪，以免令其惱羞成怒，造成傷害。可以參考聖經所說的做法：「倘若你的弟兄得罪你，你就去，趁著只有他和你在一處的時候，指出他的錯來。他若聽你，你便得了你的弟兄。」（馬太／瑪竇福音 18:15）、「你與鄰舍爭訟，要與他一人辯論，不可洩漏人的密事。」（箴言 25:9）

步驟三、可以說，但要用適當的方式說

這個步驟是關鍵所在，是我們最應該練習的部分。當我們要找人談他的錯誤時，原本就容易引起對方的自我保護本能，就算是不經意的措辭不當，都可能造成不愉快的談話經驗。

懷愛倫在一八七九年七月十七日的《評閱宣報》上說道：「要注意自己的態度，任何表露驕傲自滿的神色、姿態、話語和聲調，都要避免。你要謹慎，不要有一點高抬自己的言語表情，也不要提出自己的善良和義行來和對方的過失相對照。謹防用鄙視、傲慢和輕蔑等及其疏遠人的態度。小心避免任何憤怒的表情，即使要用坦白的直言，也不要有指責、嘲罵指控、激憤等的表示，只要表現真誠的愛。最重要的，不要有惱恨或惡意的形色，也不要發出苦毒和令人傷痛的言詞。」

聖經中亦有多處提醒我們，措辭在溝通中有多麼重要：

- 不虔敬的人用口敗壞鄰舍；義人卻因知識得救。

——箴言 11:9

- 一句話說得合宜，就如金蘋果在銀網子裡。

——箴言 25:11

・口善應對，自覺喜樂；話合其時，何等美好。——箴言 15:23

・傳道者專心尋求可喜悅的言語，是憑正直寫的誠實話。——傳道書／訓道篇 12:10

・主耶和華賜我受教者的舌頭，使我知道怎樣用言語扶助疲乏的人。——以賽亞書／依撒意亞 50:4

這裡要特別注意的是：**先讚美再提應該改進之處**。直接談對方的錯會讓他感到挫折，好像他的努力都沒被看見，只專挑他的不當錯誤！基於生存本能，人在被批評時會有力求脫罪、逃避、辯解、推託等反應，因此會使善意的建言反成破壞關係的開端！

若能先肯定其優點，讚美所努力可取之處，使對方知道你是站在他這邊，不是專挑毛病的人，進而再提缺點，鼓勵改進。如此表達會給人安全感，知道你的善意建言是為他好，就容易讓對方接受意見。

◆舀水與加水原理

我們每個人都有副無形的水桶與水杓，當我們舀水到別人桶裡，就能為別人增添正面情緒，能讓自己水桶裡的活水高漲，裝滿活水的水桶，則讓人生如同滿溢的「福杯」。當我們讚美、誇獎、肯定對方時，就是舀水給他。若是論其缺點、責備、怪罪，就是把他的水舀出來。

啟示錄（默示錄）第二章中，有一封上帝要使徒約翰寫給以弗所教會信徒的信，這封信給我們一個示範，就是如何與人談及所犯的錯誤：

我知道你的行為、勞碌、忍耐，也知道你不能容忍惡人。你也曾試驗那自稱為使徒卻不是使徒的，看出他們是假的來。你也能忍耐，曾為我的名勞苦，並不乏倦。

在這一段文字中，首先肯定這所教會的弟兄姊妹，他們是殷勤勞碌的人，忍耐有持續力，不向惡勢力低頭，更能分辨是非對錯。一連串好幾項優點被誇讚。接下來：

然而有一件事我要責備你，就是你把起初的愛心離棄了。所以，應當回想你是從哪裡墜落的，並要悔改，行起初所行的事。你若不悔改，我就臨到你那裡，把你的燈臺從原處挪去。

這一段告訴我們，指出錯失或待改善之處最好是在肯定嘉獎之後，這樣會讓人更願意謙卑受教。讓受教者感覺自己的努力有被看見、被肯定，感到指教者是出於善意，是要領受者進步成功。再下一段是：

然而你還有一件可取的事，就是你恨惡尼哥拉一黨人的行為，這也是我所恨惡的。

指正錯誤後，再次肯定這所教會曾經堅持正義、不容惡行的優點。讓受教者更願意謙卑領受指教。然後是最後一段：

聖靈向眾教會所說的話，凡有耳的，就應當聽！得勝的，我必將上帝樂園中生命樹的果子賜給他吃。

最後這段告訴我們，別忘了給予應許，讓犯錯者得鼓勵，知道我們會幫助他，有意見會跟他說明，他也隨時可來詢問。這種溝通方式，會讓犯錯者感受到努力與優點有被看見與肯定，並且你與他站在同一陣線，希望他好所以給與忠告，並且願意繼續關心，讓他能夠信任你的好意。

規勸他人時，要使用中性溫和的字句：與人檢討其過錯時，用字遣詞務必溫和委婉，但也要確切清楚，使其明白你的意思。懷愛倫在一八七九年七月十七日的《評閱宣報》提到：「當你去找你認為有錯的那一位時，要留心以溫柔、謙卑的精神說話，因為人的怒氣並不成就上帝的義。除了用溫柔、親切、慈愛的精神，其他方法都不能使犯錯之人回轉。」

聖經的提醒則是：「你們的言語要常常帶著和氣，好像用鹽調和，就可知道該怎樣回答各人。」（歌羅西／哥羅森書4:6）、「弟兄們，若有人偶然被過犯

☆表達用字優劣比較

強烈而有殺傷性的字眼	柔和中性字句
你這樣做讓大家很生氣！	不了解的人可能難免會有情緒
他們都說你很不負責任！	這件事只要多用點心，你可以做得好！
為什麼你做事都沒考慮清楚？	事前多考慮，若不懂也可以多問人！
你這樣做是沒有用的！	若這樣效果不大，不妨想其他方式！
你讓我感到丟臉！	我是有點失望，但相信你不是故意的！
為什麼你總是粗心大意？	我們來想想，有沒有什麼辦法可以減少發生這種事？

所勝，你們屬靈的人就當用溫柔的心把他挽回過來。」（加拉太／迦拉達書 6:1）

給予建議，並比較兩者間優劣差異：要對方接受你的建議，可以分析他做法的優點與缺點，再解釋你建議的優點與缺點，這樣就會讓對方聽得清楚且覺得你很客觀，不是強勢要他接受你的意見！

客觀式的溝通，並給予對方決定權將會逐漸營造彼此信任與團結合一的文化。強勢作風短時間容易達到效果，若決策正確的話還能維持大家的信任，但參與的人會感到自己的意見不被看重，覺得帶領者只是要大家來支持他，聽他的，成就他的想法罷了，所以做事態度不全然積極熱情。若事不成功，參與者就會比較缺乏負責態度，認為這是照著帶領者意思做的，該由他來負責！

正如聖經說：「回答柔和，使怒消退；言語暴戾，觸動怒氣。」、「溫良的舌是生命樹；乖謬的嘴使人心碎。」（箴言 15:1、4）客觀民主式作風著重溝通技巧，嘗試說服大家，卻不以強勢要求服從。領導者或者擔心大家若做了「錯誤」的決定，事情就不能成功！但如果大家的合作共事是長期的關係，不妨這樣評估；即使對方還是做了「不對」的決定，經過失敗後會在下一次的合作中更願意聽你的。不論是因溝通後做的決定，或失敗後下次願意用你的辦法，都使大家認為是自己決定的，願意一起擔當責任，如此態度將有助於彼此信任與團結合一文化。

一旦這個團體裡讓有見識的人可發言，有發揮，就能營造健康的文化。否則一些有能力、有心的人不是離開，就是必須爭奪權位，才能期許理想實現，而形成非常政治化，充滿權力鬥爭的扭曲變形文化！

良性溝通，獲得人心：經由上述步驟能使錯行導正，這人也就被挽回重建了，耶穌說：「他若聽你，你便得了你的弟兄。」（馬太／瑪竇福音 18:15）藉由這樣的過程，我們幫助人進步成功，也就達到上帝使

☆主客觀溝通方式舉例

主觀的說法	客觀的說法
你的做法太浪費時間，我建議這樣做……就很省時！	你建議的方法，優點是讓每個人都能充分表達意見，但會花不少時間！另一個做法是大家先寫下意見給你參考，雖然會花你較多時間，但一起討論時就省時了！
我們向來都這麼做事的，你若要改，就要自行負責！	我們過去都用這方式做的，雖然沒什麼創意，但也不會有問題。你也可以嘗試新的做法，但若事前跟大家溝通解釋，才不會造成困擾吧？
我不贊成。你這樣做根本是錯的，難道你不相信？	我過去有試過像你的這種方法，但沒有效。你若要這樣做的話，可能要先找出以前失敗的原因，才不致像我一樣白忙！

我們相遇、共事的目的，就是彼此建造，相得益彰。

若有冤屈，就要給予解釋機會：當面告知另一個重要的好處，就是其中若有誤會，對方能有機會解釋申辯，我們才不致因誤會而虧欠對方。

遇到這種情況，這樣問他較適當：

「有一件事我想要直接聽你的說法，別人如果談起這件事或問我，我就知道怎樣來跟他們說。……」

「有一件事我不是很明白，想跟你提一下，那件事可能你有你的理由，不然我們也可討論用其他的方法。……」

「我想跟你討論一下先前的做法，了解你的想法，看看有沒有可以改進的空間！」

與人提起他的過失時，有一種表達方式可能不很恰當：「有很多人說你……」、「我聽到有人跟我說……」、「這不是我說的，是很多人這樣說」。這樣的說法，原本是要表示接下來要說的不是個人偏見，而是別人的看法，試圖增加所言的可信度，所以希望被告知的人不要誤解。

然而，這種表達方式不管是不是「很多人」都這樣認為，聽起來總讓當事者很受挫折，因為不知哪幾個人是這樣看他的，也許每個人都可能，他也無法一一解釋，跳到黃河都洗不清。或覺得大夥都這樣看待他，實在讓人無奈沮喪！

談論對方過失時，最好以本身的立場跟對方談，藉此表示為自己的看法負責。前者舉例的說法是較負責任的說法，不把責任推給人，顯示自己的擔當，讓人感覺你的誠懇，反而較能得到人的尊敬。若是別人的說詞你並不認同，也不相信，就不需傳話，避免讓對方心裡軟弱，多添煩惱，造成關係障礙。

也可以這樣說：

「上次你說的那些話（做的那事），我有一些想法給你參考！」

「不管別人是不是有這樣的看法，我想直接跟你談，給你一些建議。」

「或許別人會有不同的看法，但我想直接跟你討論對你（或對事情）比較有幫助！」

「別人對這件事怎樣評論我想不重要，能讓你做得有進步、有效果才是我在意的！」

「擔心人的眼光」不應該是考慮重點：還有一種可能有副作用的表達，卻也是我們常用的口吻，如此「這樣做，別人會怎麼看？」「這樣一定又有人會說話……」「我擔心別人會說……」

輿論的確會帶來某種壓力，我們往往不希望造成別人的反感、誤解、批評，因此總會顧慮周遭的眼光。但若我們常表示如此擔心人如何看我們，也會造成副作用：

一、到底做對事重要，還是旁人的眼光重要？

二、如果在乎別人的眼光，也會讓人沒有安全感！因為別人的眼光不是我們能掌握的！

三、以別人眼光為做事標準，會降低同伴對你的信任感！因為你隨時會受人的評論影響，而動搖你做事的持續穩定性！

四、別人真的會這樣想嗎？若是如此，這些人真讓人失望！這樣就帶來負面與消極文化。

五、以別人的看法為由要求對方調整，實在無法說服人心。既不能講出個道理，也給人「怕事」、「沒擔當」等態度不正確的印象。

所以指正別人時，只需中肯地描述事情好壞的原委就夠了，若要把別人的觀感也做為輔助提醒，不如加在建議之後，順帶一句「這樣做，可能大家觀感也會更好！」、「會減少一些人的疑慮」、「減少誤解的聲音」。

聖經中，耶穌、保羅都曾經是遭受爭議的人物，所以耶穌曾說：「凡不因我跌倒的就有福了！」（馬太／瑪竇福音 11:6）言下之意，耶穌所做的「好事」也可能令人「跌倒」（就是遭致別人犯忌妒、誤解的錯誤）。又說：「人若因我辱罵你們，逼迫你們，捏造各樣壞話毀謗你們，你們就有福了！應當歡喜快樂，因為你們在天上的賞賜是大的。在你們以前的先知，人也是這樣逼迫他們。」（馬太／瑪竇福音 5:11、12）

做對事的人未必都受到青睞，有時反要付出代價，就是所謂的「吃力不討好」。但仍然值得這麼做、這麼說！這種人不能太在乎別人的眼光。

保羅也曾為了傳福音遭受許多苦，聖經中這樣描述：

我比他們多受勞苦，多下監牢，受鞭打是過重的，冒死是屢次有的。被猶太人鞭打五次，每次四十減去一下；……被棍打了三次；被石頭打了一次；遇著船壞三次，一晝一夜在深海裡。……又屢次行遠路，遭江河的危險、盜賊的危險、同族的危險、外邦人的危險、城裡的危險、曠野的危險、海中的危險、假弟兄的危險。受勞碌、受困苦，多次不得睡，又飢又渴，多次不得食，受寒冷，赤身露體。除了這外面的事，還有為眾教會掛心的事，天天壓在我身上。有誰軟弱，我不軟弱呢？有誰跌倒，我不焦急呢？我若必須自誇，就誇那關乎我軟弱的事便了。那永遠可稱頌之主耶穌的父上帝知道我不說謊。

——哥林多／格林多後書 11:23-31

受到不實話語對待時，仍可主動溝通：受到不實流言的汙衊、誤解、毀謗等遭遇常令人氣憤傷心！其實，除了感到難過生氣外，我們也可以趁機學習面對處理，就當是給自己練習的功課吧！

首先我們要知道「人非聖賢，孰能無過」。既是這樣，當別人用不正確的方式對待我，以不當話語議論我時，雖然不對，其實也很正常，因「人非聖賢」，錯誤不當是不完全的人常做的事，這種行為雖不可取，卻也應受教導。若能明白這一點，心中就不需如此氣憤，而應帶著憐憫的心，以及平和的心，才能有穩定理性的表達互動。

如果你是受委屈、被誤解的一方，可以詢問誤會你的人，這樣說：

「你對這件事是不是有一些不同的看法？能不能直接跟我說？這樣彼此也能夠清楚了解，沒有誤會！」

「我想可能我的做法讓你感覺不愉快，是不是可以讓我知道什麼地方讓你有這樣的反應？」

「我想當面問你的想法比較清楚，畢竟這樣會避免不必要的猜測與流言！」

「有什麼事情或意見都可以跟我說，若有誤會，也可以提早解釋清楚，這樣可以避免更多困擾！」

指出別人錯誤時，可同時承認自己也曾犯相同的錯：指正別人的錯誤常讓人覺得指正者高人一等、犯錯者愚拙。此時不妨以同理心的打氣方式來表達，如：

「不要緊，其實我以前也是這樣常犯毛病，熟悉後就好了，你一定也可以！」

「沒關係，總是錯中學習，熟能生巧。有問題可以隨時跟我說。」

「跟你這樣說是因為不希望你犯下我過去的錯，吃我過去吃的虧。以前都沒人告訴我，所以我希望你不會像我以前一樣！」

「這不算什麼，我以前更扯，改進就好，在事情沒有更嚴重前能改善，那可是好事！」

在指導別人修正後若能講這番話，很能鼓勵人加快修正速度，並可保住其自尊心，增加相互間的信任感。

步驟四、請信德的人陪伴

當我們善進良言後，錯行者若仍不願認錯，或認為所被指正的只是告知者一己之見，而事情又不能不處理改正，畢竟任由錯誤繼續終將造成更大損害，不妨嘗試尋求第三者的協助指證。如聖經的建議：「他若不聽，你就另外帶一兩個人同去，要憑兩三個人的口作見證，句句都可定準。」（馬太／瑪竇福音 18:16）

邀請共同信任的第三者，兩位或三位願意關心挽回者，一同來造就犯錯者，幫助其改善。可以是上司、長官、長輩，或者兩造都認識、信賴的人一起協調。這樣的勸導，可讓對方知道我們的意見並非主觀，的確有他人也能證實，較難推拖否認。同時，也能清楚表達我們對此事的認真態度！

步驟五、其他人也同樣犯錯，就得全體一同面對反省

在協調處理過錯時，若對方反駁說，犯錯的不僅僅是他個人，其他人也有相同行為，豈可只處理他一人！若真屬實，便是全體應該面對反省的時候！即使團體中只有兩、三人犯此錯誤，也已如同冰山一角，可能已經潛藏問題，或者有些人也正處於試探之中而未顯明。趁早提出預防對策，讓大家受到足夠提醒，也一起學習防範錯誤的辦法，才能免去更大的虧損或降低再犯的機會。

◆學習做對的事，就有其價值

並非事情都得有所改善，我們的付出才有價值。做錯的人也不是一定要認錯悔改，我們的規勸才有意義！我們當然希望關心的建言能帶來實際的改變，但現實裡頭不盡然如此。有時該做的都做了，該說的都說了，也示範了好榜樣，卻不一定有效果！這時正是關鍵決戰時刻，我們得有心理準備：堅定自己對的信念，知道自己做了對的事，就有價值。我們必須考量：

☆只是看來無效，還是真的完全無效？

有時候我們會以為，所付出的努力似乎沒有什麼效果。表面看來，對方表現出拒絕、推拖的態度，或是表面聽從卻依然故我。但有時改變與影響表面上是看不出來的，有人礙於面子、個性與習慣等因素，沒有立即表示謙卑受教，但內心已開始自省考量。若讓我們以為無效的經驗否定下一次再行善的意願，就會失去意想不到的祝福機會！

☆到底是一時無效，還是永遠無效？

改變的時間有長有短，因人而異。有些人未來改變時，也許我們並不在場，但他的改變卻是你所造成的。

☆無論有效沒效，做對事本身就有意義！

一旦看不出效果，所做的努力往往就被否定，這常是我們對事情的看法。因此，以結果論的想法常讓人事前就放棄努力，因為這似乎不是一個人的努力所能改變的，所以就乾脆放棄算了！如果每個人都這樣想，善的力量就無法形成，問題更不可能有所改善。要相信，做對事本身就有價值，這對做的人是一種練習，是一種經驗的累積，是給人一次又一次的示範，也就是所謂「莫以善小而不為，莫以惡小而為之」。若無法「一言興邦」，那就多幾言吧！就算付出的結果遠遠不如預期，也不需全盤否定做對事的價值。

聖經這樣提醒我們：「人在最小的事上忠心，在大事上也忠心；在最小的事上不義，在大事上也不義。」（路加福音 16:10）懷愛倫則說：「有時最溫和最親切的責備，也達不到良好的效果。在這種情況下，你們原先希望別人因秉公行義、停止犯罪、學習行善而得到福氣，之後這福氣倒要回到你們自己的身上。如果行錯的人堅持犯罪，你仍要好好的對待他們，把他們交託給你們的天父。」（《評閱宣報》1879.7.17）

◆培養健康的溝通表達文化

這也許是我們大部分人原生教育裡最常缺乏的一環：在各樣基礎教育、專業技能教育之外，應該再教導一些品格教育及才藝才對。至於如何表達不同意見，給在上位者不同看法，處理被誤會的遭遇，反應被不平對待等，甚至受到傷害、委屈時又應怎樣看待，怎樣溝通？這些都值得學習，也應藉由示範、嘗試，不斷營造正確的人際互動文化風氣，才能使我們所處這個團體得到很大的祝福。

◆開口說好話，伸手做好事

這是一種可以培養的習慣。銷售員在這方面受到必需的訓練。但若也可以運用在生意以外的與人相處上，就一定會帶來和諧的氣氛。「污穢的言語一句不可出口，只要隨事說造就人的好話，叫聽見的人得益處。」（以弗所／厄弗所書 4:29）

◆說的人要做

有人就是「只出一張嘴」，自己沒什麼作為，別人做的事卻總愛挑毛病、品頭論足，好像他很有見地、眼光獨具，看得到別人都看不見的缺點。這種現象若沒有制止、改善，就會傷害團體中的互助文化，讓做事的人總是被挑剔嫌棄，直到沒人願意做事、沒人願意留在此地為止！

我們要營造一種團體文化，讓有意見的人都用正向、有建設性方式表達意見，也都要參與付出，若自己沒有投入，就請保持安靜！耶穌說：「你們律法師也有禍了！因為你們把難擔的擔子放在人身上，自己卻一個指頭不肯動。」（路加福音 11:46）

早期教會也得到使徒保羅的勸勉：「我們在你們那裡的時候，曾吩咐你們說，若有人不肯做工，就不可吃飯。」（帖撒羅尼迦／得撒洛尼後書 3:10）這是嚴厲的話語，卻也是團體成員需有的原則。

英國首相威爾遜在廣場中為他的政策公開辯護，幾千人在聆聽。忽然有人從下面丟了一顆雞蛋，正打到他的眼鏡上，眼鏡掉了下來，眼皮也被刮破出血。安全員警就去抓人，抓到一個不到十歲的小朋友，手上還有一顆生雞蛋。首相一看是小孩，就揮手放他走了。正放走時，首相想了一想，又叫小孩子過來，並吩咐他的秘書記下小孩的姓名、住址、電話號碼。

聽眾覺得奇怪，既是小孩，不負法律責任，就該放了他，竟將他的名字記下，難道將來還要報復不成？於是台下一片嘩然，此時首相就說：「我人生的座右銘就是在對方的錯誤裡面去發現我的責任。剛才這位小朋友用雞蛋打我，是他不對，至少不禮貌，這件事情是他錯了，但我也有責任，我身為大英帝國的首相，有責任為國儲備人才。這位小朋友能從這麼遠的地方，丟來一顆雞蛋，這麼準確的打中我的眼睛，證明他是一個很好的人才，所以我吩咐我的手下記下他的名字，要體育部大臣好好訓練他，使他將來成為大英帝國棒球隊的投手。」

話剛講完，全場大笑。首相說：「請不要笑，我是誠心誠意的向大家認錯，我是首相，竟不曉得有人才去啟用他、儲備他，這是我的大錯。」第二天，報上頭條新聞刊出，引用首相這句話：「從對方的錯誤中，找出我的責任。」

如果過去我們看見人有過錯，卻沒有善盡提醒、造就的責任，只在背後議論批評，或者能預見問題卻保持沉默，任由事情發生、造成傷害虧損，現在就正是我們開始學習造就、重建、挽回別人的時刻。這是一種愛，一種責任，也是我們祝福別人的方式之一。畢竟，過去若沒有人教導我們是非對錯，今天的我們可能會很糟糕！

當我們如此對待別人，相對的也是在做示範，就是對方若看見我們有需改進之處也可以如此向我們提醒，而非在背後議論。若能營造這樣的文化，每個人都被愛心與誠實對待，就都會被造就、被成全祝福，而不是盡受誤解傷害。

第七章

轉述與傳話的智慧

我們可能玩過一種「傳話遊戲」，趣味在於一句話傳到最後會變得完全不一樣。在人際溝通中，傳話與轉述是經常會用的溝通方式，也最常在此擦槍走火，發生誤會或誤導。本章讓我們來學習在傳話與轉述事件時，如何達到表達的目的，卻要避免可能引發的誤會。

轉述事件的智慧

轉述一件事所用的表達方式，會引導聆聽者對這件事的看法。轉述者往往以自己的主觀來敘述，無論有意無意，都會影響著聆聽者的判斷。不當的轉述有時出於居心不良，有意誤導，有時卻也是無意之過。聖經記載幾個故事可供我們參考。

範例一：雅各十子至埃及納糧後的回報

〈創世記〉四十二章講到，雅各與孩子們住在迦南地，有一段時間遭遇饑荒，雅各便差遣十個兒子前往埃及購糧，沒想到從前賣掉的小弟約瑟如今長大，並做了埃及的宰相。為了考驗十個哥哥是否仍像過去那樣善妒又不顧兄弟情誼，約瑟設計刁難。因為事隔多年，十個長兄沒有認出約瑟。哥哥們回家稟報父親雅各，並陳述在埃及的遭遇：

他們來到迦南地、他們的父親雅各那裡，將所遭遇的事都告訴他，說：「那地的主對我們說嚴厲的話，把我們當作窺探那地的奸細。我們對他說：『我們是誠實人，並不是奸細。我們本是弟兄十二人，都是一個父親的兒子，有一個沒有了，頂小的如今同我們的父親在迦南地。』那地的主對我們說：『若要我知道你們是誠實人，可以留下你們中間的一個人在我這裡，你們可以帶著糧食回去，救你們家裡的饑荒。把你們的小兄弟帶到我這裡來，我便知道你們不是奸細，乃是誠實人。這樣，我就把你們的弟兄交給你們，你們也可以在這地做買賣。』」

後來他們倒口袋，不料，各人的銀包都在口袋裡；他們和父親看見銀包就都害怕。他們的父親雅各對他們說：「你們使我喪失我的兒子：約瑟沒有了，西緬也沒有了，你們又要將便雅憫帶去；這些事都歸到我身上了。」流便對他父親說：「我若不帶他回來交給你，你可以殺我的兩個兒子。只管把他交在我手裡，我必帶他回來交給你。」雅各說：「我的兒子不可與你們一同下去；他哥哥死了，只剩下他，他若在你們所行的路上遭害，那便是你們使我白髮蒼蒼、悲悲慘慘地下陰間去了。」

對照這些兒子們的敘述與實際遭遇，其實並沒有錯誤，所描述的既不加油添醋，也沒有刻意隱瞞。雅各原本特別疼愛約瑟和便雅憫這兩位最小的兒子，因為這兩個孩子是雅各最愛的女人拉結好不容易生下的。而約瑟自幼就被哥哥們騙賣給陌生商人，並欺瞞父親，以致如今僅能守護這位最小的便雅憫，不容有任何意外！但這次的事件卻讓這位父親十分憂心，相信任何做父母的聽到強國高層對自己孩子們的不友善，與未來對小兒子的可能威脅時，一定非常擔憂無奈！面對年紀老邁的父親，相信這些已成年的孩子們也很苦惱如何秉報！

在上述的故事裡，加線的部分表示不適當的表達。後來流便對父親的保證也是很不恰當的說法。雖然大兒子流便想保證負起照顧眾弟弟們的安危責任，因此用了當時外族人常用的「誇下海口」的保證方式：「我若不帶他回來交給你，你可以殺我的兩個兒子。」以為相較於父親雅各失子之痛的風險，流便也試圖將自己置身一樣的風險之下，表示他必誓死保護西緬與便雅憫的安全歸回。如此舉動其實已經很令人動容，表現出「大哥」扛起責任的風範。然而此舉雖出於善意，卻無法達到說服或安慰父親憂心的作用。畢竟手心手背都是肉，倘若便雅憫真是一去不能回，當祖父的豈會再殺孫子來洩憤消愁？

若用善意的謊言，可能得再次欺騙父親，而且到時再去買糧時恐怕還是紙包不住火。若具實以告，又不忍老人家的悲傷驚懼！其實在轉述時，轉述者扮演很重要的角色，會影響著聆聽者的觀點。

☆建議轉述方式

一、「埃及的確有豐富的糧食，他們也樂意販售給缺糧的外族。我們也都帶回足夠糧食回來，可供一段時間的生活。」

語意效果：先講好事，讓人有放心的效果。

二、「因為近來可能有些外族以購糧名義潛入埃及察探，讓他們受到虧損或威脅，所以要求證前來買糧的外族人確切的身家人口，一旦我們證實無誤，他們就會公平的善待我們。」

語意效果：正面的陳述，良性解釋事發的原因，使聽的人不會莫名憂心。這番敘述並沒有掩蓋事實或欺瞞，只是以正面善意來解讀事件過程。

三、「所以他們留下了西緬，要我們再去買糧時帶著小弟便雅憫，一旦證實兄弟的人數無誤，他們就會信任我們，相信不會再為難了！」

語意效果：這是最讓人憂心的部分，但不需刻意隱瞞，只要不用負面字眼來陳述，讓人徒增憂慮即可，應該讓相關人清楚問題所在，共同面對。雖然不能十足把握事情如期發展，卻可以引導聆聽者在正面、有建設性的認知中等候。

四、「相信父親的上帝必然帶領保護，我們一起來求祂，使我們能夠平安無事。上帝過去帶領我們的祖先亞伯拉罕、以撒，也幫助父親克服過許多困難危險，一定能幫助我們度過這個難關！」

語意效果：人在焦慮沮喪中時，心思會專注於無法解決的難題或既成事實無法挽回的遺憾中，很難走出低落的情緒。因此我們可引導他回想過去也曾經歷艱難，信仰如何幫他度過難關。這使他轉移注意力，並想到可以再次尋求神的幫助面對考驗。心情就能稍有轉圜，危機所引起的恐懼效應也會被控制。

範例二：摩西遣十二青年探視迦南地的回報

本書第六章中有引用以色列人派十二位探子（每一支派一位代表）潛入探視迦南地，其中十位探子回報的見聞令人聽了感到懼怕又氣憤。聖經這樣描述：

過了四十天，他們窺探那地才回來，到了巴蘭曠野的加低斯，見摩西、亞倫，並以色列的全會眾，回報摩西、亞倫，並全會眾，又把那地的果子給他們看；又告訴摩西說：「我們到了你所打發我們去的那地，果然是流奶與蜜之地；這就是那地的果子。然而住那地的民強壯，城邑也堅固寬大，並且我們在那裡看見了亞衲族的人（巨大高壯的族人）。……」迦勒在摩西面前安撫百姓，說：「我們立刻上去得那地吧！我們足能得勝。」

但那些和他同去的人說：「我們不能上去攻擊那民，因為他們比我們強壯。」探子中有人論到所窺探之地，向以色列人報惡信，說：「我們所窺探、經過之地是吞吃居民之地，我們在那裡所看見的人民都身量高大。我們在那裡看見亞衲族人，就是偉人；他們是偉人的後裔。據我們看，自己就如蚱蜢一樣；據他們看，我們也是如此。」

——民數記／戶籍紀 13:25-33

十二個探子看到的是同樣的景象，卻有兩種不同的詮釋觀點，迦勒說：「我們立刻上去得那地吧！我們足能得勝。」而其他探子卻說：「我們不能上去攻擊那民，因為他們比我們強壯。」在此給我們很好的範例；轉述者難免加上自己的見解，但給出怎樣的見解卻十分重要！

聖經並沒有要我們過於樂觀，因為疏忽警覺性是過度樂觀所常犯的毛病！

轉述事實時，也當注意將聽者引導向哪個方向。十個惡探引起民眾恐慌，導致對摩西及對上帝的領導反彈，怨聲激憤，也使他們在曠野多繞了四十年，且都死於曠野，只有迦勒與約書亞這兩位忠心報信的探子，與下一代出生在曠野的以色列人才得以進入迦南地。誰又想像得到，以錯誤的態度轉述事實會招致如此嚴重後果？

☆建議轉述方式

所謂「白色謊言」（white lie）的刻意隱瞞，或一味樂觀的閃避問題都不是好方法，問題沒有妥善面對，總會有紙包不住火的後遺症。上述例證中，探子的工作應該給予正確消息，並建議共同商議所顧忌疑慮之處：

一、「我們到了你所打發我們去的那地，果然是流奶與蜜之地；這就是那地的果子。」這句話陳述了事實，也很鼓舞人心。

二、「但那地居民十分高大強壯，我們若要進去佔領，得要有所準備，不可貿然躁進，讓我們從長計議，才能成功進駐。」

語意效果：善盡提醒之責——要得美地也需付代價，天下沒有白吃的午餐！迦南地就在眼前，在樂觀期待中也不可樂極生悲，畢竟現在還在境外，不是慶祝的時候！

三、「上帝從埃及地用無數的神蹟奇事帶領我們出死入生，也解決我們一切的需要，目的不是要我們只在曠野徘徊，而是要帶領我們進入迦南地，建立蒙福的國度。只要我們憑信心勇氣，團結同心，忠於自己的崗位，就能再次見證得勝的榮耀。」

語意效果：群眾一旦被激勵正面思考，所散發的氛圍極具感染力，萬眾一心、其利斷金。

新約記載一段故事：施洗約翰被希律王關在大牢中，為了確定耶穌真是上帝所差派來的彌賽亞（基督，受膏者之意），就派自己的門徒去問耶穌：「那將要來的是你嗎？還是我們等候別人呢？」耶穌回答說：「你們去，把所聽見、所看見的事告訴約翰。就是瞎子看見，瘸子行走，長大痲瘋的潔淨，聾子聽見，死人復活，窮人有福音傳給他們。」（馬太／瑪竇福音 11:2-5）

耶穌也需要人為他轉述，正確的轉述會造就人的信心、帶來正面與盼望。如果情況真的不好，也不需欺瞞，但卻仍可以給聆聽者正面的引導。

為人傳話的智慧

在人際互動溝通中，另一個非常普遍的表達方式就是傳話，或者轉述別人的話。經由轉述或傳話時，轉述者常有意無意地附加引導或暗示。

也許我們真的很難避免，總會有意無意希望透過言語說服對方以達到某一目的，所以在引用他人曾說過的話時，往往截頭去尾、斷章取義，雖然話中字句可能都有說出，但卻修改別人的語意、換做自己的，藉以達成自己期望的效果！這種情況時常發生，尤其是在避重就輕、謀求己利、推卸責任、嫁禍他人等情境下！

「往來傳舌的，洩漏密事；心中誠實的，遮隱事情。」（箴言 11:13）這裡聖經所說「心中誠實的，遮隱事情」並不是姑息隱瞞錯誤之類的行為，而是一些即使是真實的事，若講給不適合的人聽只會徒增混亂傷害，不但不聰明，也是不對的行為，若藉以興風作浪，更加可惡！

心中誠實的人，要判斷拿捏分寸，沒有造就性的事情要就面對處理，否則不要散播，製造更大的困擾。

此外，聖經也提醒我們要注意這兩種人：

・弟兄們，那些離間你們，叫你們跌倒、背乎所學之道的人，我勸你們要留意躲避他們。

——羅馬書 16:17

・那些人熱心待你們，卻不是好意，是要離間你們，叫你們熱心待他們。

——加拉太／迦拉達書 4:17

據實以報的轉述也可能造成傷害

很多人以為傳話時據實以報是應該的，也是正當的事。其實不盡然如此！如果是有關他人的錯行、負面傳聞，有需要告知並提醒當事人時，別人的評論就不應直接引述轉告，而是要重新修飾描述！

範例一：甲向乙抱怨丙做事為人有問題

甲對乙說：跟你說，丙小姐這樣做讓我們都快要受不了。有人說，再這樣下去就離開不來了！

乙評估，需要跟丙提醒改善，否則問題擴大可麻煩了！乙去找丙，要跟她提起這些問題。

乙：丙小姐，有件事我得跟你說，就是有人說你做事很讓人受不了，他們說再這樣下去，就不要再來了！

這番話其實不太能造就人！特別是對於自信不足或情緒心智不盡成熟的人，這些話總是傷害多過造就。如果乙的傳話是出於善意，希望提醒丙改善，這番傳話卻會造成反效果！這樣的傳話有些問題要思考一下：

一、當甲對乙談論丙的問題時，因為丙不在場，甲所表達的方式和用詞就可能強烈而直接。因此當乙要跟丙描述別人的觀感時，應該委婉修飾來說明，不宜直接轉述甲的說法，因為那是十分傷人的，即使讓甲直接跟丙說，很可能也不會用一樣的話來表達。

二、乙以為那是別人說的，我只是具實以告，也是好意規勸，就可以原汁原味地轉達。其實這讓丙聽起來挺挫折的，他會覺得乙既然把話說得這麼難聽，雖是引述別人的話，也應該有同樣的看法。這讓丙可能會覺得：

「他們怎可以這樣對我！人言可畏！」

「你是不是在借刀殺人？」

「我不再信任你們了！」

三、這樣一來不但傷了感情，也使丙對人失望。另一方面，別人以後也不願再對丙建言（所謂的「做壞人」），恐怕徒增丙的誤解。後來可能因為錯誤沒被提醒，造成下一波的傷害或損失吧！

☆較理想的傳話轉述

以上面個案甲、乙、丙為例，建議可以這樣表達：

甲：跟你說，丙小姐這樣做讓我們都快受不了。有人說，再這樣下去就離開不來了！

乙評估，這需要跟丙提醒改善，否則問題擴大可麻煩了！乙於是去找丙，跟她提起這些問題。

乙：有一件事想跟你說，因為大家一起共事難免會有不同意見，所以可能要有充分的溝通，就能避免誤會，你的努力才不會白費！畢竟，這件事也得靠大家一起才做得起來。

乙也可以這樣對丙表達：

乙：這次這件事辛苦你了，很欣賞你做事認真的態度。因為有些人也很想幫忙，但可能你沒注意到他們想講的話。所以我建議大家可以多做討論，互相了解，不管決定怎樣，總是大家比較清楚，信任度也會增加。

引用別人批評當事者的話時，最好改以自己的方式表達，用比較中性的字眼，也就是不要直接用批評者的話來指出這個人的問題。另外，最好可以省略「有人跟我說你……」，「很多人都跟我講……」。

這樣的說法是要表示「這不是我說的」，或是「不是只有我這樣認為，還有其他人也有說」，目的是希望聽的人不要認為講的人是出於偏見、一面之詞、故意找他麻煩等。但是，「有人在說你怎樣怎樣……」或「好些人都這樣說……」這類用語會使聽的人感覺：

- 為什麼他們不直接跟我講？
- 我們經常碰面，為什麼他們都不說，裝作沒事？

・真的有人這樣說嗎？還是你自己想講不敢承認？
・為什麼這裡的人都那麼會偽裝？
・是誰在講這種話呢？到底是誰？一定是張三，不然就是李四。
・為什麼他們都沒看到我這麼辛苦，不來幫忙就算了，還講這種批評的話！真是吃力不討好，以後我不做了，他們自己來做！
・難道你就不能在別人批評的時候為我解釋嗎？至少叫他們來跟我說，我還可以直接回答他們。這根本是誤會，可是大家習慣在背後說，都沒機會解釋，讓我太失望了！……

若能把別人批評的說法改成較善意的表達，犯錯者的感受就較舒緩，不會引起自衛性的情緒。可以這樣說：

「謝謝你的幫忙。有人很關心你，所以建議……，這樣的好處是……，也可避免……」

「大夥做事本來就會有不同的看法，一些意見都可以聽聽參考，總是邊做邊學。」

「有人提供一個意見是……我聽起來也認為不錯，你的做法有優點，他的建議也有道理，看怎樣可以合併兩個方式的優點……」

範例二：大衛與土財主拿八

聖經中，有關傳話轉述事件帶給人和睦或打擊還有一例：

大衛曾帶著手下維護和平安全。一天派遣十個僕人來到一位名叫拿八的地主富戶那裡，希望徵募一些糧食物資以資助龐大的人力開銷。而這位土財主聖經形容他「為人剛愎凶惡」，用尖酸的話回這些客氣有理的民兵：「大衛是誰？耶西的兒子是誰？近來悖逆主人奔逃的僕人甚多，我豈可將飲食和為我剪羊毛人所宰的肉給我不知道從哪裡來的人呢？」

這些受到無禮對待的僕人們「照這話告訴大衛」，憤氣填膺的大衛立即率領帶刀隨眾，要找拿八尋仇，殺他個活口不留。正在悲劇即將發生之際，一位拿八的僕人趕緊把事情稟報拿八夫人亞比該，告訴她說：「大衛從曠野打發使者來問我主人的安，主人卻辱罵他們。但是那些人待我們甚好；我們在田野與他們來往的時候，沒有受他們的欺負，也未曾失落什麼。我們在他們那裡牧羊的時候，他們晝夜作我們的保障。所以你當籌劃，看怎樣行才好；不然，禍患定要臨到我主人和他全家。他性情凶暴，無人敢與他說話。」

夫人亞比該當機立斷，準備充分的糧食酒肉，立刻起身，前往攔截憤恨不平的大衛與一千壯士。經過一番令人動容的求情後，終於讓大衛打消復仇意念，一場屠殺悲劇得以避免。當天，拿八還不知惹禍上身，大擺奢華宴席，直到次日酒醒後，夫人亞比該才把昨天阻止大衛帶兵屠殺全莊園的事告知拿八，嚇得他「魂不附體，身僵如石頭一般」，當場中風，十天後即死去！

這個故事也值得我們仔細端詳揣摩，以下幾個問題可從其中延伸思考探討：

- 拿八所說的話有何不妥？該如何表達才好？
- 十個僕人回報轉述拿八的話，造成大衛立刻憤而率兵前往。怎樣的傳話可以降低殺傷力？
- 什麼原因使拿八的一位僕人趕緊告知夫人亞比該，間接避免一場浩劫？他跟其他僕人可能有什麼不同？
- 亞比該說話的智慧可能具備哪些優點，才能讓氣頭上的大衛放棄瘋狂報復的行為？
- 亞比該對丈夫所說的話，為何會導致他快速死亡？

傳話者帶有重要的角色，就是「造就人」與「使人和睦」。聖經中有很多章節都強調此點的重要，例如：

．使人和睦的人有福了！因為他們必稱為上帝的兒子。

——馬太／瑪竇福音 5:9

．褻慢人煽惑通城；智慧人止息眾怒。

——箴言 29:8

．你們所當行的是這樣：各人與鄰舍說話誠實，在城門口按至理判斷，使人和睦。

——撒迦利亞書／匝加利亞 8:16

．凡事都可行，但不都有益處。凡事都可行，但不都造就人。

——哥林多／格林多前書 10:23

．污穢的言語一句不可出口，只要隨事說造就人的好話，叫聽見的人得益處。

——以弗所／厄弗所書 4:29

說對話實在需要練習，也值得練習。怎樣轉述一件事會帶來怎樣的效果？我們應該注意！

訊息的聆聽與解讀

轉述與傳話時，既然人往往會將個人的意識型態、認知與意圖等摻入其中，聆聽者就得學會正確解讀、判斷、過濾，拿捏轉述話語背後較真實的語意，還原較真實的原意。

當有人轉述某人所說的話時，那句話說出時與其當下的多重因素會造成實際的語意，但這些因素往往沒有被完整傳達，所以話語的意思就可能會有誤差。沒有被傳遞出來的情境，就得靠聆聽者自己揣摩拿捏了！

要知道被轉述的話語，往往要考量語意會受到一些因素影響：

◆當時談話的議題是什麼？被引述的話是在什麼談話背景中說出來的？

主題重點決定整段引述真正的意思，卻往往沒有被完整轉述。僅僅只引用其中一段話，與原本的意思是否一致，就聆聽者而言很難判斷！不妨先來看看這個案例：

李四轉述：張三說他對這件事情沒有意見，所以我想你放手去做就是了！

張三本來的說法：既然大家不願意聽我說明，那我對這件事就沒什麼可說的，我沒意見，說了也沒什麼意思！

語意解析：張三不是真的「沒意見」，只是覺得自己不受大家重視信任，所以不想講什麼，但對於「這件事」的後續發展很可能就會有意見。李四卻沒有完全描述張三當時這樣講的情緒、談話的背景，若聆聽者僅聽到「張三沒有意見」，就以為被完全信任授權去做，可能還會有始料未及的後續效應！

聆聽者可以這樣判斷：張三應該不是都沒意見，只是他的意見大家常覺得不實際，所以不太理他。我想他是最後遞交專案的人，不管他是不是沒意見，還是先跟他講清楚較好！

聆聽技巧解析：有些人嘴上說不在乎，心裡卻很在意。有些人說他很重視這件事，其實只是在請託之人面前禮貌的說詞。若經轉述，這人的真實態度更不易感受。所以聆聽者要會判斷：並不一定是傳話者故意挑撥，有時說話的當事人本來就有所掩飾、隱瞞了自己的真實想法。聆聽者若能評估一番，穿越表面言詞語意，用心探察實際可能的人心狀況，判斷就會較準確，之後的行動也會較周全。

再來看看這個案例：

阿嬌轉述：小梅我告訴你，阿桃要我跟你說，她已經忍耐你很久了，要你小心一點，不然你就會倒大楣！

阿桃本來的說法：我一直忍著不敢跟小梅說，她講話再不注意一點，對自己很不利！阿嬌，你可不可以去提醒她呀？

語意解析：阿桃常為小梅講話太直、不經大腦而捏一把冷汗，卻又不知如何跟她說。態度是善意的。但經阿嬌轉述之後的語意，讓小梅聽起來好像在威脅一樣。

小梅聆聽後可以過濾一下：我想有一些事情可能阿桃有些誤會，或是我真的沒注意她的感受，所以讓他不舒服。她應該直接跟我說就好了，但至少她嘗試讓我了解她的感受，要不然，造成的誤解可真的會帶來更嚴重的問題！

聆聽技巧解析：轉述或傳話既然時常與實況有所落差，如果真要去證實，當事人恐怕大多會否認，試著避重就輕，也往往造成羅生門，讓懷疑猜忌在彼此之中醞釀蔓延。聆聽者需要懂得「過濾」所傳的說法，可以憑自己的經驗、想像力，揣摩事件可能的實際狀況、說話者可能的真實本意，持較正面角度來解讀，會使自己較快樂，較客觀，也較健康。

◆個人對別人說話的理解和主觀意識型態，也會影響傳話時的說法

每個人總有自己的立場想法，一旦聽到別人說的話有符合自己心願的地方，就加以收錄應用。談話時，也容易用自己的理解或意圖來引述別人的話。

舉個例子來看：

小林跟同事咬耳朵：你知道嗎？連老闆都說小華這個人動作慢，大家都得等他，不然貨就出不去了！我想每個人如果都像他，那公司不倒才怪！

老闆原本的說法：小華這個人吶，缺點是動作慢了點，但這也是他的優點，因為他蠻細心的。有時候慢得讓我們跳腳，但有時候還好及早發現出貨有問題，及時改善，不然後果不堪設想！

語意解析：小林可能數次忍受小華的拖延，開始心生厭惡，所以當老闆也說到他的毛病時，小林聽進去的就只有老闆說到小華的慢動作這部分，其他的都沒注意。當小林向同事批評小華時，便拿老闆的話來支持自己的想法。此時同事若附和，就會讓小林認為有了討厭小華的正當性。

同事聆聽後應該調整判斷：小華動作慢，老闆應該是很清楚才對，我們出貨時的確也都要等他，但他也不是偷懶，就是細心一點吧！我想如果真的趕的時候，大家一起幫忙就是了！

聆聽技巧解析：我們對一件事或一個人的印象，往往會受到旁人評論的影響。聽到正面評價，我們就有好感或是釋懷；但是，負面評價也會使聽者容易不自覺地認同，這，就是所謂「公說公有理，婆說婆有理」的現象。聆聽者並不是要否定轉述者的論點，而是經過濾後，拉回較客觀的判斷話語重點。

下面是另一個類似的例子：

鄰家王媽幫隔壁年輕的李太太打抱不平：喂，李太太啊，我告訴你啊，你那個婆婆這樣跟你說話實在很不尊重人耶！沒想你每天忙裡忙外，還這樣講你，實在不應該！像我啊，才不會這樣對我媳婦呢！

實際狀況是，王媽與李媽雖是街坊鄰居，但心中也累積了一些芥蒂疙瘩，如今看到李媽對媳婦講話不很客氣，便私下順勢表達了自己的想法。

語意分析：年輕的李太太在被婆婆嚴詞對待下，自然心情低落不快，此時王媽的加油添醋更不啻火上加油，造成婆媳間更糟的關係，在往後的相處上，一定造成一觸即發的緊張對立氣氛。

李太太聆聽後應該調整判斷：若能淡化婆婆嚴詞以對的行為，認為只是她表達自己的想法，明白其意思，不需理會對方是不是尊重，也別專顧自己是不是受委屈，不讓沒有功能、僅造成傷害無奈的解讀放在心上，更不需讓外人的閒言引發自己與家人的不愉快。畢竟外人隨口講講，又不需負責，而自家人卻是要長期面對相處，找到有效的相處之道才比較實際吧！

聆聽技巧解析：我們常常受不了別人對我們不尊重，一旦覺得別人不尊重，心情就會十分不愉快。有時當事人本來還不怎麼覺得，而是旁人搧風點火才被挑起不快的感受。別人若真的以不尊重、不當的態度或言詞對待你，是他有問題，應該改善，而不是我需要委屈受傷！

我們自己已經有許多事要面對，實在不需再承擔別人的不當，來造成自己更多的壓力和虧損。畢竟別人不當的言行不是我們能控制的，而自己才能把思考調整到淡定境界。

◆居心不良的套話及扭曲事實的引述

這是一招連小孩子也會使用的伎倆，但在大人的世界裡這種行為卻也不遑多讓！就是引起一方對一件事表示意見，再斷章取義地引述給另一位聽，以達到轉述者的目的。手腕很狡滑，但卻常被使用得理直氣壯呢！

常見的例子就如：

五歲妹妹問爸爸：把鼻（爸爸），我要買芭比娃娃！
爸爸：是喔！你問媽好了，看媽的意見怎樣！
五歲妹妹跑去問媽媽：媽咪，我要買芭比娃娃，爸爸說沒問題，媽媽答應就可以！

語意分析：這種引述的方式感覺很像不是說謊，但卻使了個隱瞞的技巧——把爸爸沒有反對講成他贊成。

工作場所裡，也常有類似的事件：

甲對乙說：你看這個丙做事這麼沒效率，到現在還沒把企劃案送出去！

乙回答：喔，也是呵！對啊，企劃案應該要快點，後續還有很多事才能進行。

甲對丙說：跟你講，乙說你動作慢，沒效率，大家都在等你。你平常不是對他蠻好的嗎？他怎麼在背後這樣講你啊！

語意分析：甲先套出乙對事對人的意見，乙一旦不經意地被引導附和，就讓甲有機會蓄意以借刀殺人的方法，扭曲乙的說詞來打擊或誤導丙。

◆居心良善的套話及引述行為

同樣的手法，也可適用在使人和睦上，或應用於帶給人正面鼓勵的作用；也就是刻意製造引人附和的對話，然後運用在正面和諧的目的上。

看看這個例子：

小菊：小翠，你不覺得小傑最近作事挺積極，蠻有效率的！看他很像有在改喔！

小翠：啊，說得也是！上次跟他講可能有效吧，這樣最好囉，最好能持續下去！

小菊對小傑說：小傑，大家都說你最近做事很積極，很有效率喔！很棒耶，小翠還說希望你能持續下去，以後一定會成功喔！

語意分析：人的批評、八卦、耳語最好不要亂傳，製造事端。但人的讚美、肯定、美善的話就可以傳給第三者，或是轉述給受好評的當事人。這不但能對當事人產生鼓勵作用，也使人與人之間增添和諧愉快的氣氛。

小菊不論是刻意，或是不經意地引起小翠注意小傑的進步，引發她對此表達意見，都使小翠從附和而說出正面的看法。小菊想對小傑鼓勵，並把大家和小翠也引進鼓勵的立場之中，使小傑對大家的看法也會更正面！當然這是在小傑實際上有進步的表現下，這種正面鼓勵才能發揮效果。

再舉一個例子來看：

小柯：我想這個客戶的條件很適合阿正去接這個案，發仔，你看阿正是不是比較有耐心，脾氣也好，很適合這種比較龜毛、卻是個大客戶的人呢？

發仔：唉，說得也是喔，可以讓他試試吧！年輕人也應該磨練才會有經驗！

小柯對老闆：老闆，我跟業務經理發仔討論過，我們覺得這個客戶可以派阿正去試試，雖然他年輕，但個性不錯，我們也會隨時協助他。發仔也說，讓年輕人多一點經驗對他會有幫助。

語意分析：小柯想給年輕的阿正更多機會表現與磨練，知道他應該能勝任，也需要被提拔，就自己扮演「舉球員」角色，先引起業務經理發仔認同，再累積他刻意營造的「多人意見」，用以說服老闆支持這個提議，達到給阿正表現機會的目的。

使人和諧正面的引述溝通方式，聖經中就有例子。在早期基督教受打壓逼迫時，有人挺身作協調者：

> 公會的人聽見就極其惱怒，想要殺他們。但有一個法利賽人，名叫迦瑪列，是眾百姓所敬重的教法師，在公會中站起來，吩咐人把使徒暫且帶到外面去，就對眾人說：「以色列人哪，論到這些人，你們應當小心怎樣辦理。從前丟大起來，自誇為大；附從他的人約有四百，他被殺後，附從他的全都散了，歸於無有。此後，報名上冊的時候，又有加利利的猶大起來，引誘些百姓跟從他；他也滅亡，附從他的人也都四散了。現在，我勸你們不要管這些人，任憑他們吧！他們所謀的、所行的，若是出於人，必要

敗壞；若是出於上帝，你們就不能敗壞他們，恐怕你們倒是攻擊上帝了。」

公會的人聽從了他，便叫使徒來，把他們打了，又吩咐他們不可奉耶穌的名講道，就把他們釋放了。他們離開公會，心裡歡喜，因被算是配為這名受辱。

——使徒行傳／宗徒大事錄 5:33-42

故事說明：早期基督徒原本被當時的猶太教歧視為異端，頗受攻擊（耶穌因此受難殉道）。當彼得和其他使徒被捉到公會審問時，一位德高望重的學者為他們解圍辯護，並引用當時一些先例做提醒參考（丟大與猶大等人一時迷惑人的勢力）：若這群人是出於錯誤迷信的火熱，必然持續不久、經不起時間考驗，若是出於上帝，我們就不當反對抵擋神。

語意分析：在說服他人的溝通中，說明、分析合理性以及舉出實例，是兩項強而有力的談判說服工具。這位受人尊敬的教法師迦瑪列，以其備受敬重的身分發言更讓人懾服。

當時猶太人的宗教復興氛圍尚濃，迦瑪列以大眾敬神心理，唯恐干犯與神衝突對立之大忌，警告那些在公會審判使徒的委員們：「恐怕你們倒是攻擊上帝了。」經由轉述而帶來和諧正面的人際關係，如同耶穌所論八福中「使人和睦的人有福了，因為他們必稱為上帝的兒子。」（馬太／瑪竇福音 5:9）若有適當的機會，這是我們應該扮演的角色。

聖經中多處提倡和睦關係的重要：

・要離惡行善，尋求和睦，一心追趕。

——詩篇／聖詠集 34:14

・看哪，弟兄和睦同居是何等地善，何等地美！

——詩篇／聖詠集 133:1

・圖謀惡事的，心存詭詐；勸人和睦的，便得喜樂。

——箴言 12:20

・你們所當行的是這樣：各人與鄰舍說話誠實，在城門口按至理判斷，使人和睦。

——撒迦利亞書／匝加利亞 8:16

・若是能行，總要盡力與眾人和睦。

——羅馬書 12:18

・所以，我們務要追求和睦的事與彼此建立德行的事。

——羅馬書 14:19

・無論是弟兄，是姊妹，遇著這樣的事都不必拘束。神召我們原是要我們和睦。

——哥林多／格林多前書 7:15

・還有末了的話：願弟兄們都喜樂。要作完全人；要受安慰；要同心合意；要彼此和睦。如此，仁愛和平的神必常與你們同在。

——哥林多／格林多後書 13:11

．因他使我們和睦，將兩下合而為一，拆毀了中間隔斷的牆。

——以弗所／厄弗所書 2:14

．你們要追求與眾人和睦，並要追求聖潔；非聖潔沒有人能見主。

——希伯來書 12:14

最後，和各位分享網路上一則有關刻意轉述的有趣笑話：

一位優秀的商人傑克，有一天告訴他的兒子：「我已經決定好了一個女孩子，我要你娶她！」

兒子：「我自己要娶的新娘我自己會決定！」

傑克：「但我說的這女孩可是比爾．蓋茲的女兒喔！」

兒子：「哇！那這樣的話……。」

在一個聚會中，傑克走向比爾．蓋茲。

傑克：「我來幫你女兒介紹個好丈夫！」

比爾：「我女兒還沒想嫁人呢？」

傑克：「但我說的這年輕人可是世界銀行的副總裁喔！」

比爾：「哇！那這樣的話……。」

接著，傑克去見世界銀行的總裁。

傑克：「我想介紹一位年輕人來當貴行的副總裁。」

總裁：「我們已經有很多位副總裁，夠多了。」

傑克：「但我說的這年輕人可是比爾．蓋茲的女婿喔！」

總裁：「哇！那這樣的話……。」

最後，傑克的兒子娶了比爾．蓋茲的女兒，又當上世界銀行的副總裁。

笑話最後是下了一個註解：「知道嗎？生意就是這樣談成的！」

第八章

聖經人物的談判示範

僅有善良敬虔卻無法改變現實劣勢、解決實際問題的宗教信仰，一般較難引起現代人的興趣。熱忱忠心的善男信女若沒有能力處理狀況、面對危機，也難以令人嚮往其宗教。不論是品格也好，認真的信仰也罷，雖然令人佩服肯定，知道這些行為很讚，令人感動，卻總產生不了太大影響力！原因是多數人會估計自己無法、也不會真的希望成為這樣「有品」的人！畢竟大家還是活在真實的世界裡，品德固然重要，可惜曲高和寡，務實所需的能力才攸關生存與否。倒也不是為求自保就不擇手段，但能夠妥善處理問題、化解危機、擅於談判才是大家迫切的需要。

聖經不只是宗教或善良品格的經典，事實上記載了很多人的軟弱與犯錯，無論做對做錯，所記載的許多故事都提供我們處事的範本，懂得應用，仍可在相隔千年、文化國籍不同的環境下，有效用來面對生活諸多議題。

我們所遇到的狀況，面對的難題，大多都跟人有關。事務性的問題，也許只要多花時間努力，多學習、多費心就能搞定，人的問題卻常使人苦惱傷神！溝通與解讀能力是與人相處共事的基本條件，如何看待人與事，又如何表達溝通，會大大影響我們的生活品質。處於傷害困擾中的關係與處於良好愉快關係的環境，是我們生活品質很重要的關鍵。這並非家道富裕、位高權重、飯飽衣暖所能夠帶來的。

持有信仰的人，除了要有善良悲憫的精神、誠實公正的的品行，也當擁有應變處事的能力、溝通談話的效率，在與人互動中取得有利又公平的對待。如此表現，就更能讓人認同佩服、願意效隨。

在與人交涉談判中，聖經反對以口舌辯論方式，因為這會造成許多副作用。聖經提供的做法是：

・你要提醒我，你我可以一同辯論；你可以將你的理陳明，自顯為義。

——以賽亞書／依撒意亞 43:26

・你要使眾人回想這些事，在主面前囑咐他們：不可為言語爭辯；這是沒有益處的，只能敗壞聽見的人。

——提摩太／弟茂德後書 2:14

・惟有那愚拙無學問的辯論，總要棄絕，因為知道這等事是起爭競的。然而主的僕人不可爭競，只要溫溫和和地待眾人，善於教導，存心忍耐。

——提摩太／弟茂德後書 2:23-24

・要遠避無知的辯論和家譜的空談，以及紛爭，並因律法而起的爭競，因為這都是虛妄無益的。

——提多／弟鐸書 3:9

聖經確有幾個人物與經文提供示範，讓我們參考。這些技巧，現今仍然可以有效的應用在我們面對的問題中。

但以理的取代法

約在西元前六五〇年，聖經〈但以理書〉（達尼爾）第一章就記載了一段有趣的故事，描述猶太人因犯罪悖逆神的緣故，從神來的保護離開，就受到巴比倫的侵略。但以理與幾位朋友被擄到巴比倫，所幸並沒有被苦待，而是被挑選培育成菁英，能夠貢獻帝國。因此這些被嚴選的希伯來青年受到專案禮遇、精心栽培，每天可以用一頓國王級的餐宴，以期達到頭好壯壯的效果。

沒想到，這些青年並不因此趁機享受美食，反而要求改換素食，因為希伯來人在飲食上按聖經的兩項規定，一是不吃不潔淨的肉類（如豬肉或海鮮），二是不吃祭拜異教神明的食物。因此但以理得出面跟負責伙食的長官表明這件事，然而這次的請求並不順利！負責伙食的長官對但以理說：「我懼怕我主我王，他已經派定你們的飲食；倘若他見你們的面貌比你們同歲的少年人肌瘦，怎麼好呢？這樣，你們就使我的頭在王那裡

難保。」（但以理書／達尼爾 1:10）

第一次的交涉並不成功，因為兩方著重的要點不同，但以理在乎王的食物不潔淨，而太監長在乎的是奉命行事，養肥這些後備菁英，交差了事，否則老命不保。溝通談判不成，常常是「雞同鴨講」，雖講的是同一件事，但雙方在意的重點卻不同。最主要的問題出在個人站在自己立場，為自己的需要而要求對方配合，並不是為對方著想！

這樣的溝通，最容易造成各持己見、僵持不下的局面。如果兩方地位有高低，位高者當然占上風，以他的考量來抉擇，位低或弱勢者自然敗訴，這類效果不彰的對話經常發生：

部屬：這個案子一直都是A君做的，我不熟悉，沒辦法這個時候接手！

主管：因為A君正忙著我交給他的一份重要案子，所以需要你幫忙他原本做的事。

溝通問題：部屬要表達的是——自己不了解這份已做一半的案子，恐怕無法完成任務。而主管急於交代A君重要事情，就匆匆要求這位部屬幫A君處理手上的業務，但部屬一時頗感為難，畢竟接手他人業務的後續效應很難掌握。兩造所持立場不同，就容易誤解對方不甚講理。

又如這段對話：

妻：我想換一台高畫質液晶電視，可3D轉化，又有預設錄影功能……

夫：你應該多花時間充實自己，不要花太多時間看電視，浪費光陰！

溝通問題：妻所談的主題是買台性能齊全的電視，夫所談的主題是善用時間充實自己。

當我們溝通時，雖然看似都在談同一件事，可是如果雙方所關注的重點不同，共識就較難達成，也容易造成爭執。若是身分有高低，優勢方自然掌握主導權。

我們繼續來看但以理第二回合的爭取談判：

但以理對太監長所派管理的委辦說：「求你試試僕人們十天，給我們素菜吃，白水喝，然後看看我們的面貌和用王膳那少年人的面貌，就照你所看的待僕人吧！」

委辦便允准他們這件事，試看他們十天。過了十天，見他們的面貌比用王膳的一切少年人更加俊美肥胖。於是委辦撤去派他們用的膳，飲的酒，給他們素菜吃。這四個少年人，神在各樣文字學問上賜給他們聰明知識；但以理又明白各樣的異象和夢兆。

尼布甲尼撒王預定帶進少年人來的日期滿了，太監長就把他們帶到王面前。王與他們談論，見少年人中無一人能比但以理、哈拿尼雅、米沙利、亞撒利雅，所以留他們在王面前侍立。王考問他們一切事，就見他們的智慧聰明比通國的術士和用法術的勝過十倍。

——但以理書／達尼爾 1:12

顯然第二回合的談判成功，分析其方法可供作我們參考：

步驟一、回想初衷

栽培這些猶太地區來的年輕俘虜，使他們身強腦壯，將來貢獻國家才是原本的動機。每日一份王膳只是方法，不是目的，方法是為了達到目的。人常把長久以來做事的方法變成目的，好像非得這樣做不行。如對做法有質疑，或想試試其他方法，往往會招來爭議。不妨先提醒對方：做這事真正要達到的目的為何？是否有其他方法可以達到一樣效果？有沒有更好的辦法可以取代？這樣溝通才能對準焦點，解決共同的問題。

步驟二、提議取代方案

但以理第一次談判未成，是因所提要求是一己之需，並沒有解決太監長的職責問題。第二回與委辦溝通，則是「若能達其目的，是否容許用替代方案」！

聖經所示範的，是要我們營造一種環境，就是也要成全對方。僅顧自己的權益、自己應得之尊重、自己公平的對待等，似乎合情合理，卻不知對方也為其立場著想，也覺得他所考量的亦合情合理，因此各自為其立場辯護，都自覺公正，以致相持不下，關係破壞。顧及對方需要的談判策略才是上策，也為未來的互動鋪好橋梁，累積籌碼。

步驟三、給予試用時間

在步驟二便能取得共識的話，就不一定要到步驟三。「求你試試僕人們十天」，因為新的做法雖然值得嘗試，但若攸關重大，不能開玩笑；輸不起的時候，「試用期」的建議更能讓決定者願意姑且一試。國王的驗收約在三年之後，短期實驗不礙事，若真有效果最好，問題便能解決，萬一不見成效，再恢復原案也還不遲。雖然這有冒險成分，畢竟要有結果是需要足夠時間，但在以小搏大、以下服上、以弱領強的情境之下，博得第一階段的首肯接下來才有機會。

對但以理與一起被俘擄到巴比倫的朋友們而言，這是令人十分沮喪的經驗，在遭遇重大失敗、飽受挫折之後，通常人會棄守許多自己的理想、原則、好習慣等，這些青年卻十分淡定，既來之則安之，凡事都有老天的美意，很快進入情況，爭取另一階段的優勢機會。

許多人之所以常會一步錯、步步錯，乃是態度所導致。沒有在受傷經驗後設下停損點，容許自己有理由自暴自棄，亂了陣腳，覺得既然錯誤已經造成，再努力也無法挽回，索性讓它爛到底，衰到底，使原本不慎嚴重的錯失真的帶來巨大而始料未及的虧損！但以理卻沒有自怨自艾，躲到角落舔傷。既成事實就不需再咀嚼苦悶，因為那只會徒增惆悵、削弱剩餘的心力。要努力而刻意地讓自己想看看，現在的自己應當怎麼想才有幫助？還有什麼做得到的事？還可以找誰談？找誰幫？找誰問？等等。寫下幾項可能做的，一一試試，哪些事情做了稍有眉目，就當作上帝在引導，注意周圍有什麼機會，想像什麼人、事、物可以成為階梯，讓你一步一步走出陰霾。

用一個常見的例子來說明：母親反對女兒所交往的男友，堅持要她嫁給有錢的A君，兩人之間因而出現衝突。這其中的問題在於，女兒在乎的是自己愛的人，母親在乎的是女兒應該把握嫁給有錢人的機會，溝通的重點不同。

錯誤溝通示範：

女兒：媽，要嫁的人是我又不是你，你怎麼可以要我嫁給一個我沒有感情的人！

母親：女兒啊，感情可以培養，相信媽的眼光，我是過來人，愛情經不起現實考驗，持續不長久，生活是現實的，經濟財力夠，讓你無後顧之憂！

女兒：你怎麼可以這麼現實啊，為了錢竟然要我用終身大事來換取！

母親：喂，你怎講得這麼難聽啊，我是為你好耶，好歹我也辛苦把你養大……

女兒：你看，狐狸尾巴露出來了吧！不甘願把我養大就拱手讓人，至少要我嫁有錢人好給你回本是不是？還說為我好咧……

正確溝通示範：

女兒：媽，我知道你要我嫁給有錢人是為我好。（正面諒解對方用意）

母親：是啊女兒，你看，有錢人家讓你沒有後顧之憂，貧賤夫妻百事哀。不是我看不起妳的男朋友，他雖也不是窮到什麼地步，但比起A君家世，差太遠了！

女兒：媽，其實你真正在乎的不是我嫁有錢人，你在乎的是我將來有幸福！（提醒原本的初衷）只是你認為一個沒有錢的婚姻就沒有幸福。可是媽你想，有錢就真的能帶給我幸福嗎？報導中顯示，許多有錢人的家庭並沒有幸福，反而外遇、勢利、強勢是常有的事。況且A君的財富也不是他自己努力來的，他家人對他的婚姻也一定會強勢干預，這樣的有錢人，真的未必能帶來幸福啊！

這種提醒對方回到正確重要主題上的溝通法，會使雙方較能理性討論問題，效果自然容易達成，也較不起爭執。

彼得的對照法

早期基督教受到一段為期蠻長的逼迫壓制，信徒傳教是冒險而困難重重的事，時常有人因信仰迫害而殉道，被抓入監的也隨時發生。有一次門徒彼得跟夥伴們被一群官員與宗教領袖傳喚告誡：「禁止他們總不可奉耶穌的名講論教訓人。」然而彼得與約翰並無懼怕，回他們說：「聽從你們，不聽從神，這在神面前合理不合理，你們自己酌量

吧！」（使徒行傳／宗徒大事錄 4:18-19）

溝通談判時若雙方互相批評對方錯誤，力爭自己才正確，往往不是聰明的談話方式，容易引發爭執與負面效應。彼得與他的夥伴們此時正處與弱勢，沒有爭論的籌碼，所以就簡單的提出兩個選項讓長官們自行判斷定奪。

技巧說明：在此提出兩項做法讓對方比較參考，一項是對方所主張的，一項是自己提出的，不需做評論，不用說明誰是誰非；重點是這兩種選項一經提出，比較之下對錯是非即已顯明。這種方法看似簡單，技巧是在反應要及時，且立刻提出相對選項，其中是非對錯立見真章，不需浪費口舌評斷辯解。

效果分析：對於位份高的強勢者，溝通時不好用高姿態指教他該怎麼做，也不宜直接道出他的錯誤。彼得對照法給予對方權衡的裁決，沒有直接指出對方是錯的，給在上位者仍然是他作主張、不是你在主使的感覺，讓對方觀感較柔順，有台階可下。除非關係很好，信任度很夠，否則千萬不要據理力爭，因為即使爭贏也會傷及關係，對未來會有不良效果。

個案舉例一：

主管：本季的業績沒有太多進展，我想以後要對業績不佳的人有所懲處或是扣薪水！

員工：業績好壞不同的員工的確應該給予不同的對待，我看其實大家都很賣力，懲處績效差的是個辦法，或是額外獎勵績效優的也可以，哪一個比較能鼓舞士氣，帶來整體的努力，主任您不妨考量評估。

個案舉例二：

老闆：這個專案是很有創意，但大家都沒作過，不知會不會成功，我看還是算了！

員工：目前的狀況在走下坡，恐怕繼續下去撐不久！大家若想試試，或許還可殺出生路，哪一項做法比較可能帶來勝算？

保羅的加碼法

倘若可行，就要盡可能幫助他人成就所提的建議。若是他人的方案不甚周延，有所疑慮，需要補強才更理想，保羅的「加碼法」就派得上用場了：

身上肢體，我們看為不體面的，越發給它加上體面；不俊美的，越發得著俊美。我們俊美的肢體，自然用不著裝飾；但神配搭這身子，把加倍的體面給那有缺欠的肢體，免得身上分門別類，總要肢體彼此相顧。

——哥林多／格林多前書 12:23-25

認為他人方案有不足之顧忌時，我們時常直接否定，並指出其問題所在，殊不知其方案不全然沒有價值，往往只需再周延一點就行；周圍的夥伴有責任助他做得更好，而且功勞仍屬於他，也就是要有成人之美。有時人會先否定別人，而所提的建議其實也跟前者雷同，只是設想較為周全，因此而居功，這樣會破壞彼此信任感，造成關係的裂口，有形無形的損失傷害會由此產生。

身上肢體，我們看為不體面的，越發給它加上體面；不俊美的，越發得著俊美。加碼法就是為別人加分，使他更體面、更俊美。

舉一個常見的例子：與上司的看法不同時，要如何得體地說出自己意見？

☆錯誤示範

老闆：我想規定大家的業績，賞罰按照績效成果。

員工：我覺得不好，因為業績的評核太狹隘，有些員工很努力，也對公司在其他方面很有貢獻，都沒被獎勵，所以不公平！

☆正確示範

老闆：我想規定大家的業績，賞罰按照績效成果。

員工：這是一種好辦法，但不妨也開放其他貢獻的獎勵配套，讓有不同貢獻的人都得到看重與鼓勵。

再舉一個例子，與其他共事的人意見相左的時候，要如何達成共識？

☆錯誤示範

委員甲：我建議這次夏令營帶孩子到海邊玩。

委員乙：我覺得不妥，這太危險了，如果大人不夠，小孩又愛亂跑，萬一發生事情怎麼辦？

☆正確示範

委員甲：我建議這次夏令營帶孩子到海邊玩。

委員乙：孩子們一定會很開心，但是需要增加足夠大人看著，也要找安全合格的海水浴場，這個建議就會更可行。

我們常因發現別人的意見、做法有問題，就急於否定別人，其實卻只要稍做補強即可。表達方式需要懸崖勒馬，換個方式就能帶給別人鼓勵，增進信任關係，彼此祝福。

第九章

處事解困看聖經
——從態度談起

從不同面向可以分析出聖經在不同領域的教導，有人從聖經找到理財原則，也有人寫書談論聖經的飲食健康原則，有的是講其中的人際溝通術、婚姻家庭等等。雖然聖經不是專為這些議題而寫的，但仍然可以加以研究應用，也都有一定的、可以幫助我們面對與解決生活各樣議題的實際效果，這就是經典的奇妙之處。

正如聖經所說的：「聖經都是上帝所默示的，於教訓、督責、使人歸正、教導人學義都是有益的，叫屬上帝的人得以完全，預備行各樣的善事。」（提摩太／弟茂德後書3:16、17）也就是說，聖經可以幫助人從錯誤回歸正確，在受損中得回益處，處事更周全完備，讓人的能力充分發揮。

聖經跟其他經典不同之處很多，其中一項便是聖經裡記錄了為時千年的歷史。歷史就是真實故事所累積起來的，而真實的故事就是生活，也就是在示範如何面對難題，示範當人犯錯後可以怎樣做，怎樣看待不平的事，又如何解決？這些重點都很實際而生活化，也沒有信仰的限制，任何宗教的人都能明白認同，也都能應用在解決生活問題上。

本章就幾個聖經的故事或經文，列舉可供解決生活問題的指引參考。

主動式態度所帶來的逆轉勝

只是我告訴你們，不要與惡人作對。有人打你的右臉，連左臉也轉過來由他打。

——馬太／瑪竇福音5-39

這或許是聖經裡最常被人嘲笑揶揄的一段經文吧！不妨問一下你身邊的基督徒，是否被人打右臉時，左臉也轉過來由他打？即使他願意，恐怕也不會有太多人因此就受感動，跟隨他去做這樣的基督徒吧！

事實上，猶太人聽到耶穌說出這番話時比我們更難以置信千百倍。當時羅馬正統治著猶太人，常以不公平對待，猶太人正巴望彌賽亞出現，能帶領大家推翻羅馬暴政、恢復猶太國度。耶穌身上散發神奇的特質，也有醫治趕鬼的特異功能，顯然都不是一般人所能做到，因此有許多人願意聽從他；若說他是彌賽亞（猶太人的救世主），應該是八九不離十。可是令人不解的是，他竟然主張：「有人打你的右臉」，應該只有羅馬那些可惡的士官兵才會做這種事吧！「連左臉也轉過來由他打」，這簡直是不可思議的教導嘛！這比打不還手、罵不還口更瞎耶！還把另一邊轉過來讓他打，哪有這種道理呀，誰做得到？為什麼要這樣做呢？若說不以暴制暴，不要互相仇恨，也還算是個博愛寬恕的大道理，哪有主動給打的道理？

是的，「主動給打」，這裡的關鍵重點原來就在這種「主動」的態度！無論是精神或是行為，我們永遠不要處於「無奈被動」的地步，即便是在最谷底、最弱勢、最毫無招架能力之時，仍然要找到主動的精神，並且要有主動的行為！

面對人生的壓力難關，能帶來逆轉勝的就是這種主動精神。處於憂傷、無奈、絕望會讓人耗損許多大腦的能量與身體內的本錢。要自行設下停損點：當別人打你時，對方是主動，你是被動，而感覺委屈是被動，懷恨、無奈甚至反擊也是被動，因為你是被激怒所以反擊！可是當你決定轉過臉讓他打時，你就在改變局面，你要成為主動者，但不是用報復方式，而是用善良方式！

當耶穌後來面對大祭司的審問時，被一位差役用手掌打，耶穌並沒有轉過臉再給他打一次，卻是對那打他的說：「我若說的不是，你可以指證那不是；我若說的是，你為什麼打我呢？」在此表明審理案情應該以公理而不應暴力相向。可見耶穌並非真的要我們主動送上另一邊臉給別人打，只是說你生命的主動權應該由自己掌握。因此當他被人攻擊、羞辱，最後釘在十字架上時，就實踐示範了這番主張；他的禱告是：「父啊！赦免他們；因為他們所做的，他們不曉得。」（路加福音 23:34）。這就是自由主動的態度。

我常喜歡提弗蘭克（Viktor E. Frankl）的故事：弗蘭克一九〇二年出生在奧地利維也納，是猶太裔的精神醫學博士，二次世界大戰時被關在納粹的集中營，受盡痛苦折磨，親人被殺害。他所擁有的一切瞬息間被剝奪，財產全然消失，家人遭害，身分地位蕩然無存，更被禁錮於集中營，毫無自由可言，每天做勞力苦活。他因此思索：當一個人的一切——包括身分——都消失不見時，那他是什麼？他還存在嗎？如果存在，那他又是誰？一個人得要透過外在人事物才存在，一旦這一切消失時，他該如何自處？難怪有人要自殺！弗蘭克認為，人要活在自由中才算真實的存在，也就是不受控制約束，不需依賴外在，獨立自主，自己決定自己才是真實的人。問題是，當下的弗蘭克身陷囹圄、毫無希望可言，如何自由地「確知」自己的「存在」？他領悟到：「我雖然受到禁錮，失去家園，無名無分，卻仍舊擁有自由，也就是我能選擇不懷恨納粹，我可以決定不苦毒惱恨曾經傷害我的人。不願意受周遭不順利掌握自己的命運，不讓別人的錯誤使自己一再受害。」

恨意是被動的，是遭受傷害後的反應，而饒恕與愛是主動的，出自自己決定不再處於受傷苦毒中，而自主原諒，活在自由態度裡。

委屈無奈是被動的，受到不當對待，感到無能改變時，總是讓人沮喪，想要放棄。繼續努力嘗試是主動的，不被傷心的經驗限制，把握時間再往前行，很快能改變局面。反擊報復是被動的，是被對方傷害後被迫反擊。以德報怨是主動的，是自己決定用不同的方法待對方。

無論處於多深的低谷，受到多大的限制，遭遇多不幸的處境，都不要讓自己處在無奈、沮喪、悲傷的被動式態度中。當你被迫遭人打你右臉，甚至反擊機會都沒有時，仍然有件事是你可以主動做的，就是轉過左臉來給他打！這是個比喻，告訴我們從態度開始，自己有責任轉被動為主動，找到積極的念頭，這是我們應有的精神。想一想，在難過的境遇裡自己能有什麼領悟是主動的呢？這種精神、這種態度需要培養。

此外，聖經中還有一段經文也展現了主動式態度的精神：

有人強逼你走一里路，你就同他走二里。

——馬太／瑪竇福音 5-41

羅馬統治下有許多挺欺負人的規定，當時被統治、卻又相信自己是上帝選民的傲氣猶太人，很難嚥下這種不被尊重、強壓治理的怨氣，巴不得有一天，上帝應許的彌賽亞能讓這些外族強權被好好懲罰一番！

羅馬法律規定，一個羅馬士兵可以隨意要求一個路上的猶太人義務幫他背重物，最多長達一里路的勞役（約一．五公里），但也以一里路為限，以免變成過分的苛政。光是這種規定，就足以讓被逮到幫忙公差的倒楣鬼恨得牙癢癢！可能原本要往東走的，卻莫名其妙地被叫去扛重物往西走，實在懊惱無奈又不能拒絕！而今耶穌的教導，不但沒有反對這種陋規，也不主張改善這種不公的處境，竟然要大家不僅乖乖的走一里，還要同他走二里！天底下哪有這種道理？誰能做到？又有何意義呢？

其實這是以退為進的策略！退，是為了得到進的機會。為羅馬人背重擔走一里路是法律規定，不應該做也得做，總之就是不能拒絕！通常被找去背負的猶太人也一定一副難看臉色，心不甘情不願地走完漫長的一里路後，便帶著憤恨的眼神放下背上重物，然後立刻閃人。但這次非常不同，羅馬軍人所找來幫忙背重擔的猶太青年，不但態度自然，在走完一里路後竟然主動願意再幫軍人繼續揹負第二里路！

走第二里路的這段行程，會讓這位軍人不解，忍不住想問這位年輕人：「為什麼你會願意幫忙背這重擔再走第二里呢？」這位青年回答說：「喔，因為我是基督徒，耶穌教我們這麼做！」軍官訝異的問：「你是說那位被釘在十字架上的耶穌？他要你們走第二里？他真的這麼說？」「是的，是他教導我們，雖然聽起來好像沒什麼道理，但我們願意聽他教導，就照他說的做了！」這個猶太青年回答。此時羅馬軍人一定會覺得不可思議，也更加好奇了，就繼續詢問：「耶穌真的這樣說？為什麼他會這樣講？你們為何聽信他的話？他還說了些什麼？……」原來，第二里路是得著對方的時候！

當我們多做，就是超出本分所該做的，不表示這樣就是個爛好人，或讓人以為好欺負，甚至讓人吃夠夠！而是累積籌碼、取得信任，一旦有機會就有更好的條件說服對方，贏得對方，改變對方。

所以做好人不能只做一半，也就是只以愛心、原諒、包容、順服、忍耐、等待、交給上帝等等對待別人；除了這些基本條件，還要懂得在適當機會裡給予影響、對話、示範、建議等，試圖改變對方、改變局勢，才能達到雙方共好的地步。以下是我的個人經驗：

剛從神學院畢業時，被派到一所新蓋好的小教會實習。才剛落成的教堂庭院還是坎坷不平，教會決定請卡車運來土堆，並要我用圓鍬鋤頭，以人力剷平。雖曾試著表達是否請推土機幾分鐘推平即可，心想我神學院畢業，許多教會的工作該做，不該是花時間做這種勞力！但代理的管理者卻因節省費用，希望我用人工。我心裡嘀咕著：「如果是你的兒子，你還會這樣要求嗎？」最後花了兩週時間，鏟平了三座如小山般的土堆，手也起泡了，力也用完了！

然而這力氣並沒白費，為我接下來的兩年服事工作贏得信任；大家都知道，我若有什麼意見決不會是好逸惡勞的原因，因為再麻煩也不會比花兩週剷平土地還麻煩，我連這種苦勞都做了，所以讓人信任我不會因為推拖而找藉口。

走二里路後，要懂得後續的配套策略，才能成為積極有效果的善行。

蒙福與祝福的生命態度

只有人會追求幸福。雖然現在會吃苦，得付代價還需要等待，但我們認為將來會比現在更好，未來要比當下更豐富、更幸福。這是一種希望，因為有希望，人可以經受辛苦，耐受力無窮。為什麼人要幸福？這是造物者所給人的一項特質，並且也為此有所計畫。

聖經中有許多章節都有描述神賜福給我們，例如：「神就賜福給這一切，說：滋生繁多，充滿海中的水；雀鳥也要多生在地上。」（創世記 1:22）「神就賜福給他們，又對他們說：要生養眾多，遍滿地面，治理這地，也要管理海裡的魚、空中的鳥，和地上各樣行動的活物。」（創世記 1:28）「神賜福給第七日，定為聖日；因為在這日，神歇了他一切創造的工，就安息了。」（創世記 2:3）「在他們被造的日子，神賜福給他們，稱他們為『人』。」（創世記 5:2）

第三章中我們稍微有提到這個觀念，就是要記住：我們之所以存在，就是神要賜福我們，才讓我們來到此世。不論所遭遇的是好事或壞事，都要透過這些來成全祝福人。聖經在示範一件事：上帝之所以是上帝，就是祂不但能用好事來賜福人，即使發生不好的事，祂也能用來成為祝福。

聖經讓我們知道的第二件事則是：我們之所以存在，也證明要透過我們帶給周遭祝福！是的，我們因著蒙福而存在，也因我們存在所以要帶給人祝福。這是聖經基本的「存在觀」。在〈創世記〉十二章一至三節中，耶和華對亞伯蘭說：

你要離開本地、本族、父家，往我所要指示你的地去。我必叫你成為大國。我必賜福給你，叫你的名為大；你也要叫別人得福。為你祝福的，我必賜福與他；那咒詛你的，我必咒詛他。地上的萬族都要因你得福。

這段給亞伯蘭的應許，也是給那些願意相信、願意實踐者的應許。簡單的兩件事：第一、我必賜福給你，第二、地上的萬族都要因你得福。從這角度我們看一切所發生的事、所遇到的人，就如「塞翁失馬，焉知非福」；聖經給人的生活觀，是要我們遇上任何事時，都不能忘了那可以成為有助益、有正面功能的媒介。

再看以下兩段敘述：

· 我們曉得萬事都互相效力，叫愛神的人得益處。

——羅馬書 8:28

· 因此，你們是大有喜樂；但如今，在百般的試煉中暫時憂愁，叫你們的信心既被試驗，就比那被火試驗仍然能壞的金子更顯寶貴，可以在耶穌基督顯現的時候得著稱讚、榮耀、尊貴。

——彼得／伯多祿前書 1:6-7

「萬事互相效力」（sunergeo）的意思，就是發生的事都能夠相輔相成，可以成為助力，不會沒意義、沒功能。如果碰上不好的事都只能以負面的埋怨、憤怒、委屈、驚恐等態度來應對，自然只有負面效果。如果對所發生的事沒有善加思考，很快忽略遺忘，當然也無法讓這事成為有「效力」的元素。若能先「淡定」下來，設下這事造成傷害的停損點，不讓負面效應繼續延燒，再思索：現在能做的是什麼？這事情給我什麼我應該知道的提醒？這樣的提醒對我是有益處而不是傷害，是讓我知道如何走下去而不是放棄動力，怎樣想才能想得正確又想得通？想得正確卻想不通，與想得通卻不正確，都不是到位的解讀事情。

想得正確想不通：

◎為什麼每個人都那麼自私？真是想不通耶！

◎我對他這樣真心，他竟然背叛我！為什麼？

◎我已經盡力了，可是還是沒辦法！問題在哪？

想得通卻不正確：

◎我懂了，世界上沒有一個男人是好的！

◎只要我不再輕易相信人，就不會受傷害了！

◎為什麼要這麼認真努力？反正也沒人在意！

想得正確又想得通（比較以上觀點）：

◎人會自私是因為缺乏安全感所以要自保，這是自求生存的本性，也是可以改善的。若能得到愛、接納與給予，就會改善。

◎我對他真心是因為我願意這樣做，他選擇背叛只代表兩件事：一、他有自由；二、他還不會用適當方法處理待人之道！也可能表示他沒眼光！

◎我已經盡力了，就問心無愧，我不是全能的，只要繼續做我該做的，就會有成就、有價值！

◎雖然我遇到的幾個男人都有問題，至少我比以前更懂得分辨。

◎相信別人是我自己的決定，不代表一定處處聽他的，也不代表他值得相信，而是——對他的態度是由我自己決定的！

◎我認真努力是我做事應有的原則，而不是人管出來的結果！

聖經故事舉例——約瑟一笑泯恩愁

約瑟少年時期就被十個長兄賣到埃及做奴僕，卻認真、務實地工作，以致被主人大大信任，但又因主人之妻勾引不成、陷他不義，關入大牢。獄中的約瑟仍然忠心完成受派的各樣事務，再次受到信任肯定。之後有機會為兩位入獄的犯案官員解夢，並期待那位被無罪開釋的官員幫助他出獄，可是又再次被人辜負。然而約瑟卻不因屢次蒙冤或遇人不淑而影響每天生活所當盡的本分，以致最後得以屢建奇功，成為埃及宰相。

當他有機會與長兄們再相遇時，看見哥哥們恐懼萬分，以為他一定趁機報仇！他卻對哥哥們表明了這麼多年來艱苦歷程的看法：

> 現在，不要因為把我賣到這裡自憂自恨。這是上帝差我在你們以先來，為要保全生命。……神差我在你們以先來，為要給你們存留餘種在世上，又要大施拯救，保全你們的生命。這樣看來，差我到這裡來的不是你們，乃是上帝。祂又使我如法老的父，作祂全家的主，並埃及全地的宰相。
>
> ——創世記 45:5-7

約瑟解讀哥哥們出賣他，這番見解給我們很好的示範，可以分析下列的幾項判斷思考的眼光：

一、饒恕哥哥們曾經狠心害他！使自己也得醫治。

二、醫治了哥哥們一直以來的罪惡感，停止內心可能不斷自我控訴的傷害。

三、上帝做事都有奇妙計畫，過程之中雖不明朗，但不可放棄，要沉得住氣！
四、人所犯的錯誤也可以被改變為祝福，不要深陷已成事實的錯誤中，一再虧損。
五、卑微的弱勢也可以轉化成影響力的樞紐，在埃及強權下左右法老！

負面解讀與正面解讀事情其實都有道理，也都不一定會悖離事實，但對我們的人生卻會造成不同結果，我們要懂得選擇對人生有幫助的理解與認知。

聖經故事舉例——押沙龍負面思考

押沙龍是大衛王的兒子，也是一個不斷累積負面思考的典型例子，在舊約聖經中所占篇幅並不少於約瑟。因為同父異母的兄弟暗嫩用計強暴了押沙龍的妹妹他瑪，又始亂終棄，讓押沙龍懷恨在心，從此不斷累積負面思緒，做出不當行為，積重難返：

在妹子他瑪被強暴後，押沙龍沉浮兩年，設計騙暗嫩同聚，趁機指使僕人殺了他。之後，押沙龍畏罪逃往朋友處避風頭，一住就三年，不敢回去見父親大衛王。

大衛思念押沙龍，經臣僕勸和，才答應這兒子回耶路撒冷，卻又礙於尊嚴，不讓這位分離多年的兒子覲見長達兩年。這段期間，押沙龍為了找王身邊的人安排與王見面，不惜燒了約押的田地，迫使他幫忙。後來大衛王果然應允見面，押沙龍得以回到首都，同時開始在民間暗暗擴大自己的聲望，為密謀造反鋪路。

押沙龍用計集結許多民眾，擴大勢力，致使父王大衛與臣僕畏懼逃亡。最後雙方展開諜對戰略，在叢林戰役中死傷慘重，押沙龍一頭秀髮因快馬穿越樹林而被樹枝纏住，人吊在空中，被大衛的臣僕趁機殺害。

遺憾往往是連串的錯誤態度逐漸造成的，過程中也有幾位人物直接或間接以不對做法影響事情的進展，形成共惡。要是這個故事中的父王大衛、押沙龍的親信等能改變做法或說法，悲劇就可能不會造成了！

負面發展若沒有被阻擋，後果則不堪設想，若其中有人扮演正確的角色，很可能就會使悲劇改觀。當我們正處於人或事的衝突或僵持情境中時，就要好好思考：自己應該扮演什麼角色？說怎樣的話？該做何事？用對的態度、對的解讀、對的說話、對的處理，就能夠大事化小，小事化無，逢凶化吉，轉悲為喜，撥雲見日，改寫歷史。每個人都有機會扮演「關鍵角色」，把握機會就能造化幸福！

以下幾段經文，再次提醒我們扮演正面角色的重要：

．我們務要追求和睦的事與彼此建立德行的事。

——羅馬書 14:19

．要離惡行善，尋求和睦，一心追趕。

——詩篇／聖詠集 34:14

．你要細察那完全人，觀看那正直人，因為和平人有好結局。

——詩篇／聖詠集 37:37

．不要毀謗，不要爭競，總要和平，向眾人大顯溫柔。

——提多／弟譯書 3:2

．不可爭競，只要溫溫和和的待眾人，善於教導，存心忍耐，用溫柔勸戒那抵擋的人。

——提摩太／弟茂德後書 2:24-25

聖經故事舉例——保羅與巴拿巴分道揚鑣

新約故事中，除了耶穌就屬保羅最知名了。保羅在新約書信中的著述最多，與團隊旅行佈道，建立教會。在一次的佈道行程計畫時，他和另一位夥伴意見不同，以至於分道揚鑣，分成兩路人馬，繼續傳教：

過了些日子，保羅對巴拿巴說：「我們可以回到從前宣傳主道的各城，看望弟兄們景況如何。」巴拿巴有意要帶稱呼馬可的約翰同去；但保羅因為馬可從前在旁非利亞離開他們，不和他們同去做工，就以為不可帶他去。於是二人起了爭論，甚至彼此分開。巴拿巴帶著馬可，坐船往塞浦路斯去；保羅揀選了西拉，也出去，蒙弟兄們把他交於主的恩中。他就走遍敘利亞、基利家，堅固眾教會。——使徒行傳／宗徒大事錄 15:36-41

這段事蹟被記載下來，也許也讓我們可以加以思考一番：當兩造之間意見不同時，我們是否仍能共事？當我們意見不同時，總會試著用溝通來解決，這有可能會帶來幾種結果：

一、**意見不同↓溝通↓有共識**：最佳狀況，可以繼續同工共事。

二、**意見不同↓溝通↓無共識↓一方退讓配合對方**：不堅持己見，願意成全對方，以完成任務為重，願意放下自己的想法。

三、**意見不同↓溝通↓無共識↓分開各自完成任務**：理性的分手，仍然互相尊重，仍可達成任務。保羅與巴拿巴屬於此項解決方式。

四、**意見不同↓溝通↓無共識↓彼此批評怪罪對方**：這是最糟的處理方式，也最常發生，不能達成任務解決問題。

這段故事也讓我們了解，即使大家都虔誠、熱心，也難免會有意見不同、無法共事的時候。保羅跟巴拿巴其實也未必要弄到分道揚鑣的結果，但至少他們已盡可能降低傷害，繼續完成使命。

以上的推演也讓我們發現，一件困難事情的解決方式有很多種，卻不需要選擇最壞的方式處理。若能想想：是否有雙贏的措施？降低傷害的做法？也許在最壞的做法前，有更多的積極處理方式可以選擇呢！

第十章

學習耶穌說話風格與智慧

偉大人物常因其所言所行與眾不同，帶給人啟發解惑、身教示範，以至於從心靈層面到實務生活都有相當的幫助和影響。

耶穌不是一直都受到當時代的人所愛戴推崇，所以最後殉道於十字架的刑罰！耶穌的傳道生涯備受為難，也因為如此，與那些處心積慮抓其把柄、尋其過失的宗教領袖們之互動對話，更格外顯出智慧非凡出眾，使原本挑起事端者無言、真心求問者得啟蒙、祈求幫助者受益。

歸納分析耶穌事蹟的原理、說話行事的脈絡，便能對當今現代人的生活有實際助益，畢竟耶穌的所作所為是身教，也是在面對不預期的事件時給我們作了最好的示範。信手拈來的比喻可解疑惑，適當的提問可啟發人心，隨機的對話能力則使愚者明白、智者有所領受，且不引起爭執的論述，也巧妙閃避了陷害的質詢。如耶穌所說的：要機智靈巧像蛇，而態度溫和善良像鴿子！

雖無法涵蓋福音書全部記載，本章仍想就幾項耶穌的事蹟故事解析其原則步驟，提供我們處事時的參考。

活性臨機的對話

說得多不如說得好，說得好不如說得巧。說得好是一般鼓勵、善意提醒、教導勸勉等。說得巧則能啟發人心、啟蒙智慧，讓人跳出框框盲點，發現新的可能。

耶穌在加利利海邊行走，看見弟兄二人，就是那稱呼彼得的西門和他兄弟安得烈，在海裡撒網；他們本是打魚的。耶穌對他們說：「來跟從我，我要叫你們得人如得魚一樣。」

——馬太／瑪竇福音 4:18-19

這段經文是描述耶穌準備招收一些門徒跟從他，經過海邊時，便想邀請一對兄弟做更有意義的事。對於漁夫們來說，「得人如得魚」或許是最容易明瞭、最有提升生涯價值與吸引力的表達！每個人對於自身所處領域最熟悉，若要他嘗試全新的經驗，如何說服他當下明白領受，實在需要巧思。歷史上猶如諸葛亮勸服孫權與劉備聯軍對付曹操，也堪稱一絕。

聖經中還有另一個故事是很好的例子：

聖靈將他引到曠野，四十天受魔鬼的試探。那些日子沒有吃什麼；日子滿了，他就餓了。魔鬼對他說：「你若是　神的兒子，可以吩咐這塊石頭變成食物。」耶穌回答說：「經上記著說：『人活著不是單靠食物，乃是靠上帝口裡所出的一切話。』」

——路加福音 4:1-4

經過四十天的斷食，身心疲弱，魔鬼趁耶穌飢餓軟弱時前來試探他，要他運用超自然神力解決飢餓的需要。耶穌若真是神降世為人，便應該能將石頭變成食物；但另一方面若耶穌真的這麼做，也表示耶穌也難以經受身為凡人的飢餓，得啟動神力，讓石頭變成饅頭來消解飢餓。那就不能怪人「饑寒起盜心」了，因為人不像神能用變魔術解決問題，所以犯錯實非得已！

面對飢餓與魔鬼的雙重試探，耶穌則用聖經的教導來抵擋：「人活著不是單靠食物，乃是靠上帝口裡所出的一切話。」意思是上帝的話就是真理，真理使人知道如何面對當下，解決吃的問題當用正當方法。真理也會使人明白選擇有益的飲食。正確引用明確有力的銘誌典故，讓人立刻曉得取捨抉擇。

過去一切的經驗所學，原是要被我們整合應用來面對當下的考驗場面。一再面臨無法預料的事件時，若能活用所知一切，且經由創意轉化成能回應時事、人物的對話，使人一聽就明白，便可達效果、解決問題。這就是活性臨機對話。

一位曾混幫派後迴轉人生，進入教會多年的弟兄打電話給我，以一副氣憤填膺的口氣告訴我，有位剛加入教會的弟兄如何在會議中批評他所做的事有問題，接著問我，他是否可以找幾個黑道「兄弟」給這位教訓教訓？在電話中我即刻回答：「可以啊！沒問題，你看怎樣做讓上帝感到榮耀，就可以做！」他沒料到我會這樣回答，頓時自己都笑了！

我繼續對他說：「你在教會久，知道一個基督徒該怎麼處理事情。所以應該藉此機會向剛加入教會的人示範，讀聖經的人是如何處理事情，當我們遇到別人的批評時應該怎樣處理，資深的與資淺的哪位應該做好示範呢？」這位給我電話的教會朋友頓時知道自己的錯，並以道謝結束這個電話。

談話技巧解析：如果基本道理大家都懂，何必一提再提、徒增對方辯解而造成不快？不如用點幽默感，提醒對方要用另外一個角度看這件事，整個狀況就會不同，受傷感、憤怒感就沒有了，也知道怎樣大事化小、小事化無。

借力使力的提醒

武術裡的招術也好似生活的哲學，硬碰硬總容易兩敗俱傷，雞同鴨講各說各的也是溝通不良，讓人不知所云！耶穌也示範所謂借力使力、四兩撥千斤的溝通方式，就是以對方已知的想法來提醒他實際的問題，或進一步讓他往前再提升。

在〈約翰福音〉（若望福音）十九章十節中，負責審判耶穌的羅馬總督彼拉多對耶穌說：「你不對我說話嗎？你豈不知我有權柄釋放你，也有權柄把你釘十字架嗎？」耶穌回答說：「若不是從上頭賜給你的，你就毫無權柄辦我。」

彼拉多不解：耶穌為何沒有試圖為自己辯護？所以試著讓耶穌明白，他所擁有的權柄足以決定犯人的生死！耶穌卻藉機進一步提醒他，職位權柄是神所授予的，目的是要人秉公行義，絕不容許濫用職權，這是每個被賦予權責的人應有的認知，有一天也都要向上帝交帳。

教會學校裡禁止學生抽菸，也為有抽菸習慣的大學生開戒菸課程。當主講者談到神所創造的身體十分寶貴偉大，要好好珍惜善用時，一位不信神的學生想要岔開戒菸的話題，便舉手發問：「古人不是說『身體髮膚受之父母』，你怎麼說是上帝創造呢？」當時我也在場協助活動，就幫忙回答：「你如果明白『身體髮膚受之父母』，就應該知道這句話的重點在下一句『不敢毀傷，孝之始也！』提醒我們不該抽菸傷身，重點不是在講身體是從父母還是從上帝來的。若真的明白這句話，應該更愛惜身體才是！」

從上述故事可以看出，借力使力的對話，格外有力。

在另一段記載中，耶穌引用大家所知的觀念，再進一步帶入更正確的觀念：「我告訴你們，你們的義若不勝於文士和法利賽人的義，斷不能進天國。」（馬太／瑪竇福音 5:20）宗教領袖原本應以身作則，但也容易變成虛有其表，假冒偽善。這句話的言下之意，似乎是把這種表面的宗教虔誠作為進天國最低標準，而不是一般所以為的最高表現！

你們聽見有吩咐古人的話，說：「不可殺人」；又說：「凡殺人的難免受審判。」

只是我告訴你們，凡向弟兄動怒的，難免受審斷；凡罵弟兄是拉加（笨蛋）的，難免公會的審斷；凡罵弟兄是魔利（愚頑人）的，難免地獄的火。

——馬太／瑪竇福音 5:21-22

這段經文中，「不可殺人」倒不需聖經提醒，人都知道，耶穌卻從內心要求，對人動怒、仇恨、謾罵、羞辱都是傷害，是上帝所不容的。

你們聽見有話說：「不可姦淫。」只是我告訴你們，凡看見婦女就動淫念的，這人心裡已經與她犯姦淫了。

——馬太福音 5:27-28

又有話說：「人若休妻，就當給她休書。」只是我告訴你們，凡休妻的，若不是為淫亂的緣故，就是叫她作淫婦了；人若娶這被休的婦人，也是犯姦淫了。

——馬太／瑪竇福音 5:31-32

這兩段經文則是說，要約束自己的心，因為男女關係的聖潔與墮落都由心開始。離婚或再婚要十分慎重，要避免傷害、虧付對方，也要避免得罪神！

你們又聽見有吩咐古人的話，說：「不可背誓，所起的誓總要向主謹守。」只是我告訴你們，什麼誓都不可起。不可指著天起誓，因為天是上帝的座位。

——馬太／瑪竇福音 5:33-34

當時人們已濫用起誓，一般的陳述與許諾可以不必負責，即使起誓也可食言，只有指著天起誓、指著聖殿起誓才需履行。耶穌的教導重點並非在可不可以「起誓」，而是每個人平常說話都當負責，不該以不可證實的語法來加強自己說話的可信度。

你們聽見有話說：「以眼還眼，以牙還牙。」只是我告訴你們，不要與惡人作對。

——馬太／瑪竇福音 5:38-39

這句話則是引自摩西帶領以色列人離開埃及為奴之地，往迦南地的路上，在曠野所制定的民法，用以維持上百萬人口生活間的法律規條，傷人者要受到同樣傷害的懲罰！但耶穌卻要人實踐更高道德標準。法律往往是最起碼的標準，修身養性者不該停留在如此低標的水準，才會使命運和環境有所轉變。

這種借力使力的提醒也讓人印象深刻，就是藉由對方已知的道理，再進一步引導進入更理想的地步。若對方觀念有誤，也可就由他的某些主張提醒他。

在輔導的經驗裡，對佛教徒的求助者我就以所知的佛教理念勸導，對一貫道信仰的受助者，就以一貫道的理念引導。這不但使對方容易明白，也會覺得輔導員的觀念不受限於宗教，更能贏得信任，使當事人的信仰態度也相對開放，降低防禦心理。

靈巧適切的比喻

在與人溝通、協商方面，比喻力是很值得學習的能力。這是耶穌最常使用的表達方式，如同聖經所說：「耶穌用許多這樣的比喻，照他們所能聽的，對他們講道。若不用比喻，就不對他們講。」（馬可／馬爾谷福音 4:33-34）

希臘原文 parabole，有「比較」或是「並排」的意思，用舉例來對照當下談論的議題，藉以使對方更容易明白要傳達的意思，用某些有類似的特點、大家熟悉的事物來比擬想要說的某一陌生事物。好的比喻能把抽象的東西變得具體，把嚴肅的東西講成活潑，讓遙遠的東西感覺近在咫尺。善用比喻與否，基本上就代表了表達能力的強弱。

西漢經學家劉向所著《說苑》中有這樣一個生動的故事：

有人對梁王說：「惠子這個人說話善於打比喻。假若大王您不讓他打比喻，那麼，惠子就沒法說話了。」於是，梁王對惠子說：「希望你今後說話時不要打比喻了。」惠子回答說：「假若有個人不知道『彈』為何物，您告訴他彈就是『彈』，他能明白嗎？」梁王說：「當然不明白了。」惠子說：「我要把我知道的事物告訴不知道這事物的人們，您說不打比喻行嗎？」梁王說：「不打比喻是不行的。」

這個故事中，本來梁王的目的是不讓惠子打比喻，可是惠子又悄悄地打了一個比喻，說服了梁王。

陶德（Dodd）給比喻下的定義是：「比喻是從自然界或是普通生活中，以活潑或是奇異的方式舉出明喻或暗喻，吸引聽者的注意力，並留給聽者心中一個問題，到底說者所要表達的教訓是什麼，以引起聽者主動的思想。」

有人曾問愛因斯坦，究竟什麼是相對論。做為一個非常深奧的理論問題，如果用科學術語來解釋，必定冗長晦澀，讓人難以理解。愛因斯坦是如何解釋的呢？「你同你最親愛的人坐在爐子邊，一個鐘頭過去了，你覺得好像只過了五分鐘，而如果你一個人孤單地坐在熱氣逼人的火爐邊，只過了五分鐘，你卻像坐了一個小時。這就是相對論。」高深的理論，只因為巧用人的感受作比喻，簡單幾句話就說明白了。不論是希臘故事，或是佛道禪偈都善用文學藝術與隱喻見長。就如有名的禪宗故事：

五祖弘忍準備授衣傳法，神秀靠著聲響鼎沸，認為一定可以當上六祖，曾經寫下一偈語：「身是菩提樹，心如明鏡台，時時勤拂拭，勿使惹塵埃。」乍見之下，令人頗有高深悟道的陳述。身能如菩提樹，定而繁茂；心境如明鏡台，清淨中返照虛實。隨時都般勤拂拭修為，以免蒙塵玷污了身與心。

此偈語足以啟發禪意。而惠能當時亦在東山，此修已有八個多月，劈材踏碓（碓：發音「對」，預備柴火與磨除米糠），一聲不響，眾人也不知他悟道深淺，他聽了有人一邊在唸神秀的偈，一邊稱讚不已，他也沒有表示，因為他寫字不高明，竟唱出一偈，請人代他寫在壁上，即為：「菩提本無樹，明鏡亦非台。本來無一物，何處惹塵埃？」

他也不再注意。哪知弘忍看了，明白惠能是「透」了，要密傳衣法給惠能，不過囑他快快去南方避禍，親自送他到九江驛邊。先是五祖弘忍搖著櫓，接著惠能請弘忍坐下，他自己來搖。五祖說：「合是吾渡汝。」惠能說：「迷時師渡，悟了自渡……今已得悟，只合自悟自渡。」弘忍說：「如果如是，以後佛法，由汝大行。」

五祖弘忍傳法給六祖惠能之後，因為怕門人爭相搶奪那象徵心法傳承的信物衣（缽），所以叫惠能火速離開黃梅縣。惠能望著四周高峻重疊的青山，不禁面有難色地說：「我對附近的環境並不熟悉，如何走出這濃霧瀰漫的大山，到達渡口？」五祖說：「放心好了，有師父送你就是。」

師徒倆到了九江驛，找到長江南岸的一處渡口，跳上了小舟。五祖拿起槳準備要划船，惠能說：「師父！您請坐，現在應該讓我來划。」五祖說：「該是我划才對呀！」惠能就說：「在一團迷霧的山中，是該由師父來引導帶路；現在眼前是一片開闊明朗，我已識得路，當然應該由我自己來划船過江。」

好的比喻好記，能啟發人心，使人深省。比喻本身大多簡短而易懂，但寓意卻因個人覺悟深淺不同。比喻不一定都用說的，有時用行動表示，因為動作舉止也有比喻效果，就像〈馬太福音〉（瑪竇福音）二十一章十七至十九節中描述的：

耶穌出城到伯大尼去，在那裡住宿。早晨回城的時候，他餓了，看見路旁有一棵無花果樹，就走到跟前，在樹上找不著什麼，不過有葉子，就對樹說：「從今以後，你永不結果子。」那無花果樹就立刻枯乾了。

無花果是在長葉茂盛時就應該是果實成熟時候，所以葉子既然都出來了，不免讓人以為果實必可收成，沒想到這棵樹卻虛有其表，滿有枝葉卻不見結果，不符自然規律，有違果樹之天然法則，即受咒詛而枯乾！這是一個行動比喻，暗指以色列人受到上帝栽培，至今在列國中卻沒有結好果子，沒有見證神的名，不久將來也會像這棵不結果的無花果樹，與枯乾凋零無異。

就如有人以絕食、靜坐、遊行、快閃等方法，以行動來傳達想法，世界展望會的「飢餓三十」則要大家體驗處於飢餓狀態的非洲難民，藉由行動達到意識傳達的訴求。

記載耶穌生平的四卷福音書中，大約提到耶穌說了四十個比喻，似乎要示範給人，善用比喻力是傳達與溝通最好的方式之一。

這是我最喜歡的溝通技巧之一，能打比方讓人明白或接受你的看法，是一種智慧型的溝通風格。我曾用從小學、中學到大學來比喻人追求真理自然的過程，比喻不同宗教間轉換學習更高的真理是理所當然，不會有「背叛」的問題。老師也會鼓勵學生努力追求更高的學習機會，換老師、換學校是很自然的事，在宗教信仰的追求亦然！

對於有些人在加入宗教團體後，因為看見團體中有些人的行為或說話不當，而心生不認同感、不願繼續學習，對於這樣的人，我做了如下比喻：

想想看，如果你得了重病，看了許多醫生、吃了很多藥卻不見好，有朋友告訴你有位良醫治好了許多與你一樣病症的人，打聽之下也正如這位朋友所說，許多重病者得以痊癒。當然，這是你的一線希望，所以你趕緊前往就醫。

請問，在你去看這位高明的醫師前，會先調查他所治癒的病患是否都品德高尚嗎？或是要先了解與你一同就醫的人是否都言而有信、每個病患都善待別人？若不是，你會轉身離開嗎？會因這些病患中有少數人行徑歪謬而讓你放棄就醫嗎？那些求醫者的人品與你得醫治、痊癒有何關係？如果你所參與的這個宗教有真理，攸關今生來世，何故受其他信眾影響？

比喻常常是神來之筆，也就是當下的立時反應，或許這讓人覺得無法學習，但其實還是可以學習的，幾個建議不妨參考：

一、多談話，多聊天：聊觀念、聊想法、聊經驗，對話、提問、表達等，都是學習的方式。並不是論人是非、傳播八卦或時尚流行物品，就是所謂的「沒營養」話題。聊的時候如果發現一些不錯的論點、很棒的比喻表達，就記下來，將來可以跟別人分享。若當下沒反應過來，事後仍然可以回想：如果剛才談論的議題自己的說法不理想，那可以怎樣講、用什麼比喻較恰當？檢討後若有領悟，就記住，未來再談及此議題時，便能用更好的比喻來述說。長此以往，就能累積、增強你的溝通能力。

二、多閱讀，多聽講：網路小故事，一些朋友電郵傳遞分享的故事，閱讀書報等方式，都能累積故事存放量。聽演講也可以聽到主講人所用的比喻，順便學習優秀的講員如何講比喻、用比喻。

三、觸類旁通使用比喻：如果讀到一個令你印象深刻的故事，就想想這個故事可以用在什麼議題？有時候，同樣一個例子可以用在幾個不同的議題中，例如「龜兔賽跑」故事，既常被人用來強調持之以恆的人總有成就的一天，驕傲懶惰終究失敗，但這個故事也可用來探討術業有專攻，放對位置才有競爭力。也可以拿這個比喻用來討論：搭配組合一起完成目標，需要哪些合作的條件？

四、把別人的實例當成我的模擬考：看到或聽到別人的事件時，可以拿來問自己「如果是我可以怎麼作？能夠怎麼說？」心中默想盤算，練習思考力、反應力。如此默默演練有助於自己預備好，一旦有機會，就能更迅速有效地回應當下所發生的事。

「似非而是」的語法

跳出常理認知，引入匪夷所思的論點，挑戰習以為常的觀念，似錯謬而又深藏智慧哲理。這種具有顛覆性的話語有人稱為弔詭性、反合性，或稱「似非而是」（paradox），也就是乍聽之下好像矛盾、不合理，但仔細想想後，卻會發現原來言下之意另有一番真理！聖經裡就有這樣幾段「似非而是」的話：

> 凡想要保全生命的，必喪掉生命；凡喪掉生命的，必救活生命。
>
> ——路加福音 17:33

「保全生命」是人的自保本能，但也常因過於自保而變成自私，越自私終究損失越大，以至於「喪掉生命」。「凡喪掉生命的」，就是看似不顧自己利益得失，常顧及別人之需要者，將受人感動與愛戴，更是上天所嘉許，不論今生或者來世，生命都終將豐盛有意義。

凡自高的，必降為卑；自卑的，必升為高。

——路加福音 18:14

自視過高，反倒被人看不起，謙卑低調者，受人敬重。耶穌反應當時權貴與宗教領袖的作風，簡單一句話，卻道出人的行徑與結局，引人深省。

你們以為我來，是叫地上太平嗎？我告訴你們，不是，乃是叫人紛爭。

——路加福音 12:51

宗教與一切道理豈不是叫人和諧太平嗎？耶穌卻驚人的宣稱他來會導致紛爭！從歷史來看，基督教卻也真有些時候是如此！從耶穌自己被釘十字架就是紛爭的開始，最初幾世紀基督徒受逼迫，後來也曾發生戰爭。雖然很弔詭，但也不足為奇，堅持正義者未必受人青睞，持守原則的反造成衝突，眾人皆醉我獨醒會讓人排斥！屈原如此，蘇格拉底如此，林肯也如此。不然就放棄、妥協、順應局勢，看似「太平」，卻失了真理公義。

> 愛父母過於愛我的，不配作我的門徒；愛兒女過於愛我的，不配作我的門徒。
>
> ——馬太／瑪竇福音 10:37

這是弔詭語句中最具代表性者之一，乍聽之下實在讓人難以苟同，甚至使人想轉頭走人，無法接受這種道理！

從聖經的觀點而言，使人愛父母的能力與本性其實是從上帝來的，不認識上帝的人仍然使用被造在人裡頭的善良本性，包括「愛父母」，即是如此。聖經在十誡中也規定神的子民「當孝敬父母」。然而各民族、個人都在用自己的方式，或是民族文化所灌輸的觀念來「愛父母」。直到有一天人們有機會認識造物者，知道一切善良本性都來自祂的創造，並且願意讓祂更新這些善良特質，就是用這位原創愛的神所設置的辦法去實踐孝順父母，這樣就把本末順位調整正確。如果先愛父母再愛耶穌，就是以自己為主權，用自己能力決定如何愛父母及耶穌！若是先愛耶穌再愛父母，就是相信耶穌比自己懂得如何孝敬父母（因為祂是造物者，並在人身上設定倫理觀），且願意加給我們力量去愛父母，對愛其他人也是這樣。

弔詭式的道理之所以往往特別耐人尋味，就是其中很有哲理。這種跟一般觀念反差甚大的表達方式，在歷史中的人物不算常見，卻是耶穌常用的表達方式，就如有名的八福，大至上也是用這種與常理逆轉的語法，如「飢渴慕義的人有福了」、「為義受逼迫的人有福了」、「哀慟的人有福了」等等！舉些也被稱作「繆思」的其他例子：

- 失敗為成功之母（或說「成功為失敗之母」）
- 比爾蓋茲的話：「成功，是最差勁的老師。」
- 老子：無為而治
- 林則徐：無欲則剛（孔子：「棖也慾，焉得剛？」）
- 樂極生悲，物極必反

我常說：「對的事不一定要做」，這也是一種弔詭、繆思的語法，意思不是叫人推拖擺爛，而是三思而後行；對的事還要看自己是否是該做的人，時間是否適當，方法對不對，態度是否正確等。

聖經也有一句弔詭的提醒話語：「不要行義過分，也不要過於自逞智慧，何必自取敗亡呢？」（傳道書／訓道篇 7:16）我們都該行義，但過分行義適得其反，比如行義太強勢、不顧及別人的處境、操之過急、得理不饒人等。這種行事風格常常缺乏愛與體諒，只求對錯而不管人的處境。

使用技巧解析：這種反差爭議性的表達方式很能使人得到得啟發，令人印象深刻，卻不容易經常講得出來，所以引述別人的繆思銘言也何嘗不是好辦法。例如我的論文指導告訴我：「寫論文就是要『小題大作』。」我也常跟人說：「擇善，但不要固執！」

閃避陷阱的回應

若遇到居心不善的談話，可能有人想在你的應對話語間，找到反對、攻擊的把柄。耶穌常要面對這種設陷阱式的問題，而每次的對答都很經典，不但可解問題，也避開字句間所設的陷阱。

兩難問題（dilemma）的特性：

◎長久以來沒有人能提供令人滿意的答案

◎正反面的回答都會陷入被攻擊的下場

◎提問者往往占上風，可以一再質問下去，讓回答者淪於被反對攻擊的難堪地步。

☆兩難問題著名個案舉例——漢斯偷藥

漢斯的太太罹患重症快死了，醫生診斷只有一種特效藥能救她，然而該藥物只能在鎮上的一間藥店才買得到。藥店老闆因此向漢斯索價兩千美元（原價只需兩百美元），但漢斯因太太久病，早已花光所有積蓄，四處向親友籌錢，也只能湊到半數，因此漢斯要求藥店老闆賣便宜些，或是先取藥、日後再清償餘款。然而老闆堅持不降價，並要求一次付清藥費。絕望的漢斯為了救妻一命，只好在第二天晚上潛入藥店偷藥。

（請問漢斯偷藥的舉動應不應該？對不對？為什麼？）

☆「漢斯偷藥」衍生的兩難問題——警官的抉擇

布郎先生是一名警官，與漢斯夫婦相識。這天他值班完畢，下班回家途中經過藥房，正好看到漢斯潛入偷藥。布郎先生曾耳聞漢斯缺錢買藥且受藥店老闆刁難一事，內心頗為同情，且目睹竊案時並非自己的值勤時間，但基於警察維護治安的職責，讓他對於是否逮捕漢斯感到十分為難。

（請問布郎先生該不該追查漢斯偷藥的案件。為什麼？）

英國的哲學家休莫（David Hume，1711-1776），曾提出以下的兩難問題：

第一論、苦難存在證明上帝不是全能，若全能，必然遏止災難不發生。

第二論、上帝若全能必然不善，他若能卻不遏止災難、見死不救，可見不善！

休莫的結論是：上帝必是全能而不善，或者善良而無能！

那麼，耶穌是如何面對兩難問題的呢？聖經上的三個故事可供我們參考。

☆故事一、繳稅問題

法利賽人出去商議，怎樣就著耶穌的話陷害他，就打發他們的門徒同希律黨的人去見耶穌，說：「請告訴我們，你的意見如何？納稅給凱撒可以不可以？」耶穌看出他們的惡意，就說：「假冒為善的人哪，為什麼試探我？拿一個上稅的錢給我看！」他們就拿一個銀錢來給他。耶穌說：「這像和這號是誰的？」他們說：「是凱撒的。」耶穌說：「這樣，凱撒的物當歸給凱撒；上帝的物當歸給上帝。」他們聽見就希奇，離開他走了。

——馬太／瑪竇福音 22:15-22

難題所在：當時羅馬人統治猶太人，繳稅給外來政權令猶太人無奈苦悶。此時耶穌若贊同繳稅，找把柄的人就訴諸大眾，讓猶太人對耶穌失望氣憤；若耶穌主張不需繳稅，更有機會向政府舉發，將因違法而被逮。耶穌的回答沒有把柄，也暗示大家做該做的就是了！

☆故事二、對待行淫女子

文士和法利賽人帶著一個行淫時被拿的婦人來，叫她站在當中，就對耶穌說：「夫子，這婦人是正行淫之時被拿的。摩西在律法上吩咐我們把這樣的婦人用石頭打死。你說該把她怎麼樣呢？」他們說這話，乃試探耶穌，要得著告他的把柄。耶穌卻彎著腰，用指頭在地上畫字。他們還是不住地問他，耶穌就直起腰來，對他們說：「你們中間誰是沒有罪的，誰就可以先拿石頭打她。」於是又彎著腰，用指頭在地上畫字。他們聽見這話，就從老到少，一個一個地都出去了，只剩下耶穌一人，還有那婦人仍然站在當中。耶穌就直起腰來，對她說：「婦人，那些人在哪裡呢？沒有人定你的罪嗎？」她說：「主啊，沒有。」耶穌說：「我也不定你的罪。去吧，從此不要再犯罪了！」

——約翰／若望福音 8:3-11

難題所在：在羅馬統治之下，猶太人不可執行私刑。一個姦淫女子被捉，正好拿來考考耶穌，若他主張按摩西律法用石頭打死，就違犯羅馬法令。若持反對意見，就告知大家耶穌公然違背摩西律法。耶穌於是彎腰，在地上寫下這些表面虔誠、暗中卻不法之人的罪狀，並稱誰無罪誰先拿石頭打這女人。眾人驚訝耶穌把自己隱瞞的罪一一寫在地上，趕緊溜之大吉，以免難堪！如此化解了惡者陷害的詭計。

☆故事三、生來瞎眼是誰的錯

門徒問耶穌說：「拉比，這人生來是瞎眼的，是誰犯了罪？是這人呢？是他父母呢？」耶穌回答說：「也不是這人犯了罪，也不是他父母犯了罪，是要在他身上顯出神的作為來。……」耶穌說了這話，就吐唾沫在地上，用唾沫和泥抹在瞎子的眼睛上，對他說：「你往西羅亞池子裡去洗。」他去一洗，回頭就看見了。

——約翰／若望福音 9:2-7

面對兩難問題是需要一些智慧，但耶穌做了幾次的示範，秘訣在於不被兩種答案所限，要找出第三個出路。這種思考方式，心理學上稱做「水平式思考」。

兩種思考方式

最常見的思考方式有兩種。

一、垂直思考（Vertical thinking）：依照邏輯／數理思考，只在原來的題目中找答案。思考問題答案的方式，往往是從問題本身出發，依循慣用的邏輯路線探索答案。

二、水平思考（Lateral Thinking）：不依照邏輯／數理思考，反而跳出這個問題（框架）來反問別人。

運用水平思考法要點：

1. 敢於突破傳統觀念，避免有樣學樣，擺脫人們最常用的思維、表現方法等。

2. 多方位思考，提出對問題各種不同的新見解。
3. 善於擺脫舊意識舊經驗的約束。
4. 要抓住偶然一閃的構思，深入發掘新的意念。

最後，再舉一個現實生活中的例子：

苗栗牧羊人之家負責人「蕭爸」，長期關心中輟青少年，也以「讀書會」活動造就許多優質人士參與社會營造。有一次在中心院子裡，一位年紀較小的學生想引起蕭爸的注意，看到蕭爸前來，衝口罵出：「蕭爸，你是豬！」蕭爸想了一下，立即回答：「咦，你是怎麼發現、怎麼看出來的？」，頓時這個學生也笑了出來。

說話技巧解析：在這個例子中，兩人原本可能因為一句失禮的話而釀成關係惡化，此時可用創意、幽默式的回應跳出套牢的處境，使問題有剎那驚奇的答案。水平思考的能力需要具有活潑彈性，仁慈憐憫，勇氣自信，機智反應等。

謙虛姿態的表達

有一個撒瑪利亞的婦人來打水。耶穌對她說：「請你給我水喝。」撒瑪利亞的婦人對他說：「你既是猶太人，怎麼向我一個撒瑪利亞婦人要水喝呢？」原來猶太人和撒瑪利亞人沒有來往。

——約翰／若望福音 4:7、9

這也是一次十分經典的談話，因為在其文化背景中存在著諸多困難度：當時猶太人與撒瑪利亞人相互敵視，難得往來；陌生男女不會有個人私下的交談；當時為日正當中的午間，炎熱中實在不是閒聊的好時機；這位女子有隱藏的罪，使她因罪疚感而逃避與人互動。種種難處使這次對話格外不易發生！

此時耶穌一改平常應該會說的話：「要我為你做什麼？」這樣的話對這位婦女是不管用的，她一定會回瞪眼說：「not thing！沒有。」可是耶穌說的是：「請你給我水喝！」原因是因為當時的習俗裡，不會有人拒絕一個陌生人要求水喝（除非你真的沒水），以弱勢求助的姿態，竟然可以引起對話機會的最大可能性！

再舉另一個例子：

「我憑著自己不能做什麼，我怎麼聽見就怎麼審判。我的審判也是公平的；因為我不求自己的意思，只求那差我來者的意思。」「我若為自己作見證，我的見證就不真。另有一位給我作見證，我也知道他給我作的見證是真的。」——約翰／若望福音 5:30-32

耶穌不要人們僅將注意力放在他身上，也讓人知道他帶著上帝所賜的權柄與差派。讓人認識上帝，也是他的任務之一。謙卑態度的説話方式讓人沒有壓力，也更經得起時間考驗。

以下，是一些有關謙卑態度與談吐的認知：

謙卑與自信——有人擔心表現謙卑會讓人感覺沒自信，只有自負、敢秀自己才有説服力，能讓人印象深刻。其實正好相反，不夠自信才需要靠高調方式掩飾，試圖藉由強調自己的作為、成就引起人們的尊佩聽從。而自信的人知道自己的實力，也不依賴別人是否對他讚賞肯定，因為真實的本事不容否定。也自知自己的有限，常存學習的心。

謙卑與自卑——謙卑的人接受自己的不足，卻不受困擾，自在向前。自卑者看自己的弱點、缺點時深覺苦惱，失去自信與突破的動力。謙卑的人肯定自己卻不自滿，自卑讓人因否定自己而失去勇氣。

謙卑、驕傲、自卑所產生的人際關係效應——驕傲的人或許一時讓人佩服，讚賞其成就與犀利的言談，但也會讓周圍的人感覺自己相對不如，自己沒用、無能，沒有人喜歡這種感覺！另外，時間會證明一個人的實力，一旦與事實不符時，很快讓人看低。

自卑的人連自己都看不起自己，如何讓別人看得起呢？自卑的副作用包括很在意別人的眼光與說法，因此容易被人影響。也因為太敏感，所以常令人感覺與其相處是很累的事，因為這種人會以負面否定方式思考，容易產生誤會，檢討建議時防禦心理特別強。活在壓力之中，造成緊張關係，易有比較心理、疏離感、害怕面對挑戰、選擇逃避等現象。

謙卑者容易接受建議，自卑者認為別人的建議是批評。謙卑者視別人誤會就是誤會而已，自卑者在誤會與流言中深感痛苦，因為平常已處於自我否定的傷害中，如今再加上別人的批評誤解，就好似在傷口灑鹽，容易受傷也容易傷人。而謙卑者會接納別人，不施壓力。

說話技巧解析：耶穌透過降低姿態取得與人互動的機會，進而造就、啟發對方，使其生命有所轉機。這是一種以退為進、智慧與仁慈兼具的做法。

在台中一所教會牧會期間，計畫做社區低收入與特殊境遇家庭的兒童課後輔導工作。原本可由教會獨自辦此社服事工，但後來決定邀請當時社區發展協會一起舉辦，並以教會對面國小為主要關心合作對象，形成教會、學校、社區合作共事的共好局面，就連法鼓山退休老師，技術學院、教育大學學生，隔壁幼稚園也都加入、提供己力，當志工輔導學生課業等，甚至報紙記者也採訪刊登報導。雖然當時評估教會可獨力作成，但那會更累更辛苦，而表示自己不足，需要協助，呼朋引伴，集結熱心人士或團體共襄盛舉，整合社區資源，借力使力，使受助者得到更好的照顧品質，參與者感到付出有所成效，進而發展更多其他合作活動，便會好事連連。

謙卑不但是美德，也是一種以退為進、四兩撥千斤、營造互動互信氛圍、創造雙贏共好局面的策略。

切中要害的質詢

遇到仗勢凌人、講話無理帶敵意、挑釁、魯莽等場面，有時犀利回覆或回擊式的質問會有破解困境的效果。意思並非要引起爭論、給人難堪，而是讓對方知難而退，知道不應小看別人，或處處打擊壓迫那正直盡本分的人！

耶穌進入聖殿，趕出殿裡做買賣的人，推倒兌換銀錢之人的桌子和賣鴿子之人的凳子；也不許人拿著器具從殿裡經過；便教訓他們說：「經上不是記著說：我的殿必稱為萬國禱告的殿嗎？你們倒使它成為賊窩了。」祭司長和文士聽見這話，就想法子要除滅耶穌，卻又怕他，因為眾人都希奇他的教訓。

——馬可／馬爾谷福音 11:15-18

對於維護聖殿應有的神聖、聖潔、虔敬，耶穌此時的反應做法令人側目。原來猶太人的逾越節如同華人的過年，許多旅居國外的猶太人都會回到耶路撒冷獻祭與過節。聖殿外院原本給外地回來行宗教獻祭之禮的人方便，提供獻祭牲口、外幣兌換聖殿銀錢等祭禮所需。無奈這些攤位在利益與宗教權勢掛勾下，哄抬物價，欺騙前來兌換錢幣的外地猶太旅客。為了使生意興隆，到處都是叫賣聲、議價聲與禽畜哀鳴聲；一塊崇主聖地全然被沓雜市集、喧鬧訛詐所吞噬覆蓋！

耶穌無法忍受如此貪婪紊亂行徑，義憤填膺，下手推翻這些假藉宗教盛事海削一票的圖利集團。僅一句「經上不是記著說：我的殿必稱為萬國禱告的殿嗎？你們倒使它成為賊窩了。」就如一顆炸彈，將當下的喧嘩混雜、交易買賣、官商勾結都夷為平地！

或許耶穌的身分特殊，能夠在如此龐大、吵雜場面中以激烈方式表現出鎮壓的效果，這倒不一定適合我們在可能面臨的情境下使用，但有時切中要害的質詢可以止住錯行繼續擴大。

耶穌對那些捉拿行淫婦人來詢問是否打死她的宗教領袖們說：「你們中間誰是沒有罪的，誰就可以先拿石頭打她。」也是一種切中要害的質詢。

耶穌又進了會堂，在那裡有一個人枯乾了一隻手。眾人窺探耶穌，在安息日醫治不醫治，意思是要控告耶穌。耶穌對那枯乾一隻手的人說：「起來，站在當中。」又問眾人說：「在安息日行善行惡，救命害命，哪樣是可以的呢？」他們都不作聲。耶穌怒目周圍看他們，憂愁他們的心剛硬，就對那人說：「伸出手來！」他把手一伸，手就復了原。

——馬可／馬爾谷福音 3:1-5

第一世紀時，猶太人就以矯枉過正的神經質態度遵守許多律法誡命，有關守安息日為聖日這件事就很鑽牛角尖，變成負擔麻煩，而不是放鬆復原的日子！譬如安息日不能走超過二里路，若不得已，可在途中休息稍作進食，視同自己在「家」，才可再前進兩里路。不可負重擔，身外之物皆為重擔，連手帕也得縫在衣服上，成為「衣服的一部分」才不算是「重擔」！

就當時群眾看來，醫治病人顯然是醫生的「工作」，安息日不應工作，所以耶穌醫治病人就視同「工作」，如此一來便違反了誡命。這是對上帝制定的安息日有所誤解，原本帶給人復甦的假日，反成了死守戒律的負擔，簡直本末倒置。

能使一隻長年枯乾的手復原，應該是多麼讓人驚讚感恩的事啊，竟然眾人注意的是耶穌是否干犯戒律，虧他們還在神聖的會堂參加神聖的崇拜聚會。這種信仰實在讓人匪夷所思！難怪耶穌要「怒目周圍看他們，憂愁他們的心剛硬」。此時他問了一個希望激起良知的問題：「在安息日行善行惡，救命害命，哪樣是可以的呢？」

說話技巧解析：切中要害的質詢是用問句表示，若直接說出錯誤使人感覺被指責，就會加深不滿情緒，所謂惱羞成怒。問句可突顯焦點，卻把判斷權留給對方，對錯自然是明顯的，卻不具攻擊性。

誇張強烈的形容

語出驚人也是耶穌說話風格之一，雖可能招致議論，卻也使人印象深刻，引發深思，自能達到言語傳達的最佳效果。

為什麼看見你弟兄眼中有刺，卻不想自己眼中有梁木呢？你不見自己眼中有梁木，怎能對你弟兄說：「容我去掉你眼中的刺」呢？你這假冒為善的人！先去掉自己眼中的梁木，然後才能看得清楚，去掉你弟兄眼中的刺。

——路加福音 6:41-42

這道理不難懂，但耶穌卻用誇張方式形容：那看別人缺點的，自己的缺點好像眼中有根屋梁般卻不自知（未免形容得太誇張，哪可能眼裡塞得下梁木！）如同廣告用詞「要刮別人鬍子前，先刮自己鬍子！」不論是善意或惡意，容許自己錯誤卻指點別人過失，是非常沒有說服力的，也會傷害彼此的關係。因為當人被指正時，通常不好受，常會啟動防禦反應，此時若指正者也有缺失，被指正者就會以此為抗拒建言的理由，認為對方也有問題，豈有資格講別人！所以兩造間不但不易改善錯誤，也會傷了感情，讓未來的相處平添困難！

「先去掉自己眼中的梁木，然後才能看得清楚……」也就是以身作則的人才有資格講別人，畢竟人有時看不見自己問題，都有改善進步的空間，有必要彼此提醒建議。

「凡為我的名接待一個像這小孩子的，就是接待我。」「凡使這信我的一個小子跌倒的，倒不如把大磨石拴在這人的頸項上，沉在深海裡。這世界有禍了，因為將人絆倒；絆倒人的事是免不了的，但那絆倒人的有禍了！」

——馬太／瑪竇福音 18:5-7

透過誇張的描述，耶穌看重每個人，即使是世人視為無名小卒者。要讓人注意，使人跌倒就是讓人犯錯，使人因你而放棄做對的事，這是極大的罪過，視同謀殺般的惡行。短短一句話，表達方式非常誇張，卻十分容易在腦裡想像逼真的畫面，頓時讓人清楚而印象深刻，久久不會忘懷。

耶穌說：「我實實在在地告訴你們，你們若不吃人子的肉，不喝人子的血，就沒有生命在你們裡面。吃我肉、喝我血的人就有永生，在末日我要叫他復活。我的肉真是可吃的，我的血真是可喝的。吃我肉、喝我血的人常在我裡面，我也常在他裡面。

——約翰／若望福音 6:53-56

這番話也夠驚悚的！難怪羅馬時代基督徒會被人誣衊是吃人肉、喝人血的邪教，而受到落井下石的對待。在耶穌以前，猶太人都是以獻祭羔羊來做為贖罪的儀式，這些動作其實是預表耶穌為人所做的犧牲。羊羔獻祭時部分祭肉是可以食用，因此耶穌以此為例，他自己如羊羔一般，透過犧牲生命代人贖罪，也以逾越節的無酵餅，也就是後來教會進行聖餐禮所吃的餅和葡萄汁來代表耶穌自己的血和肉。藉此禮節，使基督徒吃這餅、喝這葡萄汁時，就在身體中與耶穌有份，使人常在耶穌裡，使耶穌常在人裡。

若是你的右眼叫你跌倒，就剜出來丟掉，寧可失去百體中的一體，不叫全身丟在地獄裡。若是右手叫你跌倒，就砍下來丟掉，寧可失去百體中的一體，不叫全身下入地獄。

——馬太／瑪竇福音 5:29、30

在這裡，耶穌似乎是以一句比一句更強烈的形容措詞來突顯祂要表達的議題。有一次，我去探訪一位精神狀態已讓她無法正常上學的高中女生，先與其父親談這位女兒的狀況；這位父親是沒有教會生活的基督徒，他要女兒別看聖經，因為她會胡思亂想。隨後我與女兒談時，這個女孩子跟我說：「牧師，我很怕痛耶！」我說：「為什麼你這麼說？」她說：「我不敢把我手砍下來，我怕會很痛！」我問她：「你為什麼要把手砍下來？」她就引述這段經文。我趕緊給她解釋，以免誤解而做出傷害自己的事。

此處的重點，是要人知道罪的可怕，看重不犯罪的重要性。用自殘來表示：為了不犯罪，即使損失一隻手、一隻眼都值得。因為雖保住全身卻下地獄毫無意義！絕非叫人真的這麼做，但對拒絕犯罪的提醒，這樣的講法還挺有效果的。

誇張強烈的表達切勿用來對人，如諷刺、揶揄、愚弄、羞辱、譏笑等傷害他人的誇張式表達，都在禁止之列。若適當用在警告事態嚴重、形容行徑之不當，或故意危言聳聽來考驗對方的價值判斷等，就能有效引人關注話題，達到提醒和防範的作用。

宅心仁厚的心胸

最能表現耶穌仁慈的，莫過於在十字架上將殉道前為那些忘恩負義，要治他於死的

人，對天父的禱告說：「父啊！赦免他們；因為他們所做的，他們不曉得。」（路加福音 23:34）

若要面對那善待我們、談吐有風度、有教養的人，就無需在這裡多費筆墨；修練耐心、愛心、憐憫、寬厚等德行，是為了用在面對難搞、麻煩、粗魯、莽撞、無理、挑剔、無賴、自私傲氣、剛愎自用、目中無人、心胸狹隘、憤世嫉俗的人時！也許周遭中這種人不會是多數，但只要遇見了，總讓人難以忍受，所以一旦遇到了讓你傷腦筋的人物時，不妨當作難得的修練機會，把難搞的人、事當成上天給我們練習的機會，培養仁慈以對的慈悲心。

那時，彼得進前來，對耶穌說：「主啊，我弟兄得罪我，我當饒恕他幾次呢？到七次可以嗎？」耶穌說：「我對你說，不是到七次，乃是到七十個七次。」

——馬太／瑪竇福音 18:21-22

「七」在猶太人文化裡有「完全」的意思，耶穌並不是要我們記錄饒恕人的次數，反而是要表示饒恕是不需上限的。要知道，許多周圍的人做些讓我們錯愕、受傷感的事時其實並非出於惡意，並非存心傷害我們，只是做法不恰當、說法不適合罷了，他們可能需要學習用對的方式做事或表達，但別人的錯不必然我們就要感到受傷，反倒應該藉此學習如何看待，如何處理、回應，當作練習。

不處於受傷處境中，自然降低受傷感，就沒有饒恕的問題了！畢竟覺得委屈虧損又要不斷忍耐、原諒，凡人實在難及！懂得想，懂得應對才能解憂。

有一個法利賽人請耶穌和他吃飯；耶穌就到法利賽人家裡去坐席。那城裡有一個女人，是個罪人，知道耶穌在法利賽人家裡坐席，就拿著盛香膏的玉瓶，站在耶穌背後，挨著他的腳哭，眼淚溼了耶穌的腳，就用自己的頭髮擦乾，又用嘴連連親他的腳，把香膏抹上。

請耶穌的法利賽人看見這事，心裡說：「這人若是先知，必知道摸他的是誰，是個怎樣的女人；乃是個罪人。」耶穌對他說：「西門！我有句話要對你說。」西門說：「夫子，請說。」耶穌說：「一個債主有兩個人欠他的債；一個欠五十兩銀子，一個欠五兩銀子；因為他們無力償還，債主就開恩免了他們兩個人的債。這兩個人哪一個更愛他呢？」西門回答說：「我想是那多得恩免的人。」耶穌說：「你斷的不錯。」

於是轉過來向著那女人，便對西門說：「你看見這女人嗎？我進了你的家，你沒有給我水洗腳；但這女人用眼淚溼了我的腳，用頭髮擦乾。你沒有與我親嘴；但這女人從我進來的時候就不住地用嘴親我的腳。你沒有用油抹我的頭；但這女人用香膏抹我的腳。所以我告訴你，她許多的罪都赦免了，因為她的愛多；但那赦免少的，他的愛就少。」於是對那女人說：「你的罪赦免了。」同席的人心裡說：「這是什麼人，竟赦免人的罪呢？」耶穌對那女人說：「你的信救了你；平平安安回去吧！」

——路加福音 7:36-50

我們傾向在別人的行為上看出錯誤，分析其不當之處，並自覺精闢有理。辨別義理固然重要，但在是非對錯之外，總要恩慈相待，留人後路，畢竟我們也不是聖賢，孰能無過？如耶穌曾說：「你們願意人怎樣待你們，你們也要怎樣待人。」（馬太／瑪竇福音 7:12）

如上述故事，西門自以為高尚，耶穌卻知道他私下不為人知的罪。一位自知有罪的女人曾被耶穌救過，不知如何報恩致謝，便以所有積蓄買了香膏，趁著耶穌在西門家作客時，默默前來打破玉瓶，以長髮將香膏塗抹耶穌的腳，表示衷心感佩耶穌過去解救之恩（請參考本章「閃避陷阱的回應」之故事二）。主人西門故意不悅地表示這位罪人的不當行為，暗指耶穌不當受理這般失態行為！另一處記載同一故事時，還提到一位門徒（猶大）說：「何用這樣的枉費呢！這香膏可以賣許多錢，賙濟窮人。」耶穌也回答說：「為什麼難為這女人呢？她在我身上做的是一件美事。因為常有窮人和你們同在；只是你們不常有我。她將這香膏澆在我身上是為我安葬做的。我實在告訴你們，普天之下，無論在什麼地方傳這福音，也要述說這女人所行的，作個紀念。」（馬太／瑪竇福音 26:8-13）耶穌的仁慈，化解了這女人所面臨尷尬難堪的指責眼光。

一位年輕人曾在職務上犯下過錯，讓上司與長輩們無法接受他的衝動行徑，幾年來雖一再表示希望回到職場上，我也屢次居中斡旋，但大家仍有所顧忌；經過幾番私下與開會商討，才終於以「觀察試用」的方式安派至我負責的部門。有人問我，這個年輕人來此會不會帶來困擾呢？我說他的優點部分其實我們無人能及，至於他的缺點，我們得營造一個環境，讓他的缺點沒有機會暴露！後來的共事中，我們真的做到了，大家都看見這位青年的進步，他也以快樂盡心的態度投入工作。宅心仁厚的心胸會帶來祥和溫暖與安全感，使周遭的人能發揮美善的一面，帶來更好的環境氣氛，減少不必要的虧損內耗，可以說是「一加一大於二」的超然表現。

正如聖經許多其他方面一樣，耶穌也一定還有許多談話技巧尚未羅列本章，一一解析。本章所要強調的，是當今不同文化、種族、宗教或是教育程度、性別、年齡都可適用耶穌說話的方式。在生活中與人的對話、討論、談判、協商，以至於教導等，都能更有效果，更能提升溝通品質與能力，同時給人示範，帶來正面的影響。

見證分享

運用聖經智慧，成就美好生活

聖經不只是信仰的根基，最重要的是我們可從中獲取生活的啟示。想不到傳承幾千年的聖經，可以用各種角度來詮釋現代的經濟、社會、政治甚至管理科學。聖經中的邏輯可以給你創新的理念，並且超越信仰，讓你站在高處思考問題並做出最正確的抉擇。

——黃暉庭，台安醫院院長

「聖經是一部奇妙又好用的寶典」是所有基督徒所深信不疑的一句話，然而聖經的隱晦難懂以及內容與我們現實生活脫節，似乎也是許多基督徒常有的感受。我跟杜牧師學習一年多的時間，他用聖經的話語或故事提供我解決生活難題的解答，讓我無論在行醫或管理醫院時，都更加得心應手。這使我更懂得凡事正面思考，也更常從不同的角度去面對各種挑戰。我真正體會到「聖經真是一部奇妙又好用的寶典」。

——卓瑩祥，兒科醫師、台安醫院副院長

原來聖經裡的故事不只是寓言，更重要的是，杜牧師將神的愛和故事完全運用在現代人的日常生活中，使我們能把從聖經裡學習到的事物，用在平常的待人處事上。學習用不同的角度去思考一件事，學習如何正向的思考，學習尋求神的旨意。然後當我們在生活遇到困境時，心中不是充滿恐懼和負面能量，而是上帝給予的滿滿的愛、希望和信心。

—— Kay Wang，動畫公司職員

杜牧師曾說：「從永恆的角度來看，現在所有『發生的結果』都只是過程。」在面對生命裡所有無法面對、無法接受、放不下的種種時，這句話深深地安慰了我疲憊的心。跟隨杜牧師學習聖經的處世智慧之後，我認清我自己、甚至也包括我討厭的人，在「起初」的時候，都曾經是個集「真、善、美」於一身的人。目前的我十分享受這樣「淡定」的新生活態度！

——商槿，教友

從聖經中，我習得許多面對生命的態度。也許你我比別人生活得更艱難，但其中必有神的美意，因為祂從來不叫我們白受苦或挨窮。從聖經中我學習到，今日我們所過的生活，不論貧富，都有神的計畫在其中，所以不要隨便發怨言，祂可能是要藉著我們本身的經歷，預備我們做祂合用的器皿，傳達祂所交託的信息，甚至祂把我們放在比較高尚的環境中時，也可能是要預備我們，為祂向那些有權位的人說話。

——齊龍駒，台安醫院醫師

我一度畏縮害怕地懷疑是否應調整價值觀，讓自己更不容易為人所傷，但我心裡明白這不是能引導生命產生極限能量的最佳解答。感謝杜牧師的分析、引導，我重新閱讀並思索神的話語，將之運用在生活中，讓人我得益處。我在過程中看到自己的有限、同理他人，進而更有能力以富有愛心和智慧的方式，向生命每時每刻對我們發出的挑戰，做出深切回應並喚起他人自覺、創造美好！杜牧師的這本書，是一本培養聖經生活智慧、具有操作實用性的書，誠心邀請您來細讀分享！

羅美菁，富邦人壽職員

透過杜牧師巧妙地將聖經故事與生活原則做結合，如：關於不要憂慮、如何處理錢財、如何與他人相處、禱告的目的與動機、信心的重要、如何從罪的捆綁中得釋放等等，我學到了如何透過聖經聆聽上帝的心意。杜牧師與我們分享許多由聖經而來的神的智慧，我也因此更深地認識上帝以及祂的價值觀，讓我們吸取神的智慧跟信心，來面對生活的難題。

——程薇萱，上班族

一般人常會將生活上或工作上的不如意歸咎給上帝，老實說，種種質疑的聲音也常在我腦海中出現。在這段過程中，杜牧經常面對我的質疑，最後我們的結論是：上帝的行事有步驟性與計畫性，且上帝旨意所考量的點，也非一般常人所能理解，往往要到若干年後，才能見到上帝的大能，使凡事皆蒙上帝之福。所以我們應該堅守上帝與聖經的道路，即使在生活上或工作上有各種試煉，也要一本初衷、直到永遠。

——黃尚本，博仁醫院醫師

國家圖書館出版品預行編目資料

聖經的溝通智慧：轉換說話思維，化解衝突誤會，贏得和諧的好人緣 / 杜慕恆著. -- 三版. -- 臺北市：啟示出版：英屬蓋曼群島商家庭傳媒股份有限公司城邦分公司發行, 2023.10
面；　公分. -- (Talent系列；24)

ISBN 978-626-7257-21-0 (平裝)

1.CST: 聖經研究 2.CST: 生活指導

241.01　　　　112015179

Talent系列24

聖經的溝通智慧：轉換說話思維，化解衝突誤會，贏得和諧的好人緣

作　　者／杜慕恆
企畫選書人／彭之琬、周品淳
總 編 輯／彭之琬
責任編輯／周品淳
特約編輯／陳正益

版　　權／吳亭儀、江欣瑜
行銷業務／周佑潔、周佳葳、賴正祐
總 經 理／彭之琬
事業群總經理／黃淑貞
發 行 人／何飛鵬
法律顧問／元禾法律事務所 王子文律法師
出　　版／啟示出版
臺北市104民生東路二段141號9樓
電話：(02) 25007008　傳真：(02)25007759
E-mail:bwp.service@cite.com.tw
發　　行／英屬蓋曼群島商家庭傳媒股份有限公司城邦分公司
台北市中山區民生東路二段141號2樓
書虫客服服務專線：02-25007718；25007719
服務時間：週一至週五上午09:30-12:00；下午13:30-17:00
24小時傳真專線：02-25001990；25001991
劃撥帳號：19863813；戶名：書虫股份有限公司
讀者服務信箱：service@readingclub.com.tw
城邦讀書花園：www.cite.com.tw
香港發行所／城邦（香港）出版集團
香港灣仔駱克道193號東超商業中心1F E-mail: hkcite@biznetvigator.com
電話：(852) 25086231　傳真：(852) 25789337
馬新發行所／城邦（馬新）出版集團 Cite (M) Sdn Bhd
41, Jalan Radin Anum, Bandar Baru Sri Petaling, 57000 Kuala Lumpur, Malaysia.
Tel：(603)90563833 Fax：(603)90576622 Email：services@cite.my

封面設計／徐璽設計工作室
排　　版／極翔企業有限公司
印　　刷／韋懋印刷事業有限公司

■2013年8月29日初版
■2023年10月26日三版　　Printed in Taiwan

定價380元

城邦讀書花園
www.cite.com.tw

著作權所有，翻印必究 ISBN 978-626-7257-21-0